高等学校课程思政系列教材

土木工程专业课程思政优秀案例：

桥梁建设和管理中的工匠精神

长沙理工大学桥梁工程系　彭建新　王　磊　主　编

马亚飞　张玉平　戴理朝　彭　涛　副主编

张可荣　主　审

中国建筑工业出版社

图书在版编目（CIP）数据

土木工程专业课程思政优秀案例：桥梁建设和管理中的工匠精神 / 长沙理工大学桥梁工程系，彭建新，王磊主编；马亚飞等副主编. -- 北京：中国建筑工业出版社，2024. 12. --（高等学校课程思政系列教材）.
ISBN 978-7-112-30718-0

Ⅰ. U44；G641

中国国家版本馆CIP数据核字第20246GB649号

为深入贯彻习近平新时代高等教育“立德树人”这一根本任务，推进专业教育与思政教育的深入融合，本书以桥梁为载体，以工匠精神为核心，引入众多长沙理工大学桥梁工程团队负责或参与的工程建设和运维管理案例，解读其蕴含的工匠精神。本书共分为 5 篇，第 1 篇讲述长沙理工大学土木工程学院多位英才为攻克桥梁工程建设和运维中的系列难题不畏艰难地探索和研究的事迹，第 2 篇讲述了土木工程学院多位教授及其团队在斜拉桥施工监控中攻坚克难的事迹，第 3 篇讲述了土木工程学院老师和学生在悬索桥施工监控中各种不怕困难的事迹，第 4 篇讲述了土木工程学院老师和学生在大跨径拱桥施工控制过程中遇到各种难题勇于担当、砥砺奋进的精神，第 5 篇讲述了土木工程学院老师及其学生在连续梁桥和刚构桥施工监测过程中所展现的工匠精神。

本书可供高等院校本科生及研究生使用，也可供工程技术人员以及从事工程管理、工程监控等人员参考使用。本书对于激发学生的工程热情和专业奉献情怀，推动工程技术人员的专业发展和素质提高，提升桥梁工程建设和运维过程中的工匠精神有重要的引领示范作用。

责任编辑：赵　莉
责任校对：李美娜

高等学校课程思政系列教材
土木工程专业课程思政优秀案例：桥梁建设和管理中的工匠精神
长沙理工大学桥梁工程系　彭建新　王　磊　主　编
马亚飞　张玉平　戴理朝　彭　涛　副主编
张可荣　主　审
*
中国建筑工业出版社出版、发行（北京海淀三里河路 9 号）
各地新华书店、建筑书店经销
北京雅盈中佳图文设计公司制版
北京云浩印刷有限责任公司印刷
*
开本：787 毫米 × 1092 毫米　1/16　印张：$12^1/_2$　字数：251 千字
2024 年 12 月第一版　2024 年 12 月第一次印刷
定价：45.00 元
ISBN 978-7-112-30718-0
（43788）

前言

风风雨雨近70年，长理人不断拼搏，攻坚克难，乘势而上。从“文明、博学、求实、进取”到“博学、力行、守正、拓新”，凝聚着几代长理人“执着坚韧、追求卓越”的精神品质和“脚踏实地、艰苦奋斗、乐于奉献、锐意进取”的“铺路石”精神。在办学进程中，长沙理工大学形成了自己独特的“长理模式”“长理经验”“长理作派”，这种经验和做法不仅是我们的宝贵财富，也为大学文化的创新与发展提供借鉴，更为学校内涵式发展、实现“百强”目标提供强有力的精神支撑。

长理人不断凝聚的“脚踏实地、艰苦奋斗、乐于奉献、锐意进取”的“铺路石”精神，就带有鲜明的行业特征和风格。把“立德树人”作为培养土木人才的基石，提出基础建设离不开实事求是、离不开脚踏实地，倡导在学与做、知与行的统一中开拓进取、担当作为，为突破关键核心技术、探索前沿科学问题和解决重大社会现实问题作出重要贡献。

一代人有一代人的使命，一代人有一代人的长征。长沙理工大学桥梁工程方向的发展也经历了一段漫长的征途。学校土木工程专业始建于1979年，其中桥梁工程方向开办最早，1987年开始招收硕士研究生，2005年开始招收博士研究生。通过几十年的发展，取得了国家级、省部级的荣誉，也培养了大量的桥梁工程人才。一个又一个建成桥梁的背后，凝聚着无数长理人的身影。他们用热血和汗水助力民众跨越江河湖海的阻碍、突破山川峡谷的包围，铺出一条推动中国式现代化发展的康庄大道。

聚焦科研攻关，张建仁教授主持完成的“混凝土桥梁服役性能与剩余寿命评估方法及应用”获国家科学技术进步二等奖，牵头申报的“973”计划项目“特大跨桥梁安全性设计与评定的基础理论研究”获科技部批准立项并圆满完成任务。立足旧桥维护，刘扬教授团队协助“亚洲第一拱桥”金沙江南门大桥、宜宾长江大桥重新屹立。瞄准桥梁运维，王磊教授团队长期深耕，提出了一系列理论与方法。紧扣施工监控，广东韶关韶州大桥、湖北赤壁长江大桥、荆州长江大桥等一系列桥梁成功通车，背后蕴含着颜东煌教授团队、李传习教授团队和田仲初教授团队的殚精竭虑。围绕桥梁抗风，韩艳教授团队集思广益，为牂牁江大桥、燕矶长江大桥等大跨桥梁建设解决关键难题。一座座桥梁都诉说着长理桥梁人的故事，见证着他们的责任和担当，背后凸显的是长理桥梁人自立自强、攻坚克难的工匠精神。

新的长征一直在路上，让我们传承和发扬长征精神，践行长理人“博学、力行、守正、拓新”的校训，秉承长理桥梁人不懈奋斗的初心，争当新时代的奋斗者。

全书分为5篇，第1篇长理土木溢光彩，土木桥梁聚英才，由马亚飞、戴理朝、鲁乃唯、罗颖、汪国栋编写；第2篇斜拉桥架彩虹里，要塞歌飞玉冠头，由曾有艺、张玉平、鲁乃唯、李红利编写；第3篇天堑贯通索承强，高新科技助攻关，由张玉平、曾有艺、罗颖、贺君、鲁乃唯编写；第4篇大跨拱肋架天堑，精湛监控铸辉煌，由彭涛、张玉平、李红利编写；第5篇银龙梁桥横河畔，工匠精神行长理，由彭建新、彭涛、张玉平编写。全书由王磊和彭建新统稿，张可荣审阅。

感谢长沙理工大学土木工程学院张建仁教授、颜东煌教授、李传习教授、刘扬教授、陈常松教授对本书撰写提供的工程案例及其对所带领团队研究生的培养。

由于时间仓促及限于编者水平，书中一定存在不少缺点，请读者批评指正。

编者

2023年9月16日

目录

第1篇

长理土木溢光彩，土木桥梁聚英才

本篇主要讲述长沙理工大学土木工程学院多位桥梁英才不畏艰难地探索和研究，为攻克桥梁系列难题而倾注大量心血的事迹。张建仁教授团队立足国家战略需求，打造长理桥梁名片，主持完成的项目荣获2011年度国家科学技术进步二等奖，由他牵头申报的“973”计划项目获科技部批准立项，实现湖南省属双非院校“973”计划项目的零突破。刘扬教授课题组对金沙江南门大桥进行病害检测，并对加固后的桥梁进行荷载试验研究，如今南门大桥服役三十余载，依然屹立于金沙江上。韩艳教授团队面对燕矶长江大桥的新型结构体系，迎难而上，不惧挑战，成功开展大桥抗风方案研究和风洞试验，为大桥的安全提供了切实保障。王磊教授带领团队攻坚克难、坚韧奋斗，致力于桥梁安全保障若干关键技术的突破，集智攻关打造路网桥梁群运营安全防控创新研究群体，为在役桥梁安全运维提供技术保障。

第1章

交通行业需求引领　打造长理桥梁名片
——中小跨径桥梁安全性能评定与维修

2012年2月14日，在2011年度国家科学技术奖励大会上，由长沙理工大学土木工程学院张建仁教授主持完成的“混凝土桥梁服役性能与剩余寿命评估方法及应用”获国家科学技术进步二等奖。这是张建仁教授第二次在该大会上拿下的重要奖项，也是国内第一个针对“中小跨径桥梁安全性能评定与维修”这个工程实际问题而评选的国家级重磅奖励。作为我国桥梁工程领域的知名专家，张建仁教授及其团队凭借强大的科研创新实力和行业先驱领导能力，向“打造长理桥梁名片”目标不断迈进。

一、需求牵引，勇担行业重任

我国现有公路桥梁107万余座，其中混凝土桥梁占90%以上。由于环境劣化、超载、预应力损失、钢筋锈蚀等原因，一些混凝土桥梁在服役期内会出现承载力退化、刚度不足等问题，约有13%的桥梁存在严重老化问题。近年来，混凝土桥梁服役过程中的事故时有发生，给人民生命财产安全带来严重危害。如何确保我国服役桥梁的可靠性，最大限度地延长其使用寿命进而取得更好的经济社会效益，是摆在众多桥梁专家学者和工程师面前的紧迫任务。

老化损伤桥梁如何判定安危？服役桥梁还能用多久？针对一大批20世纪八九十年代建造的桥梁面临的寿命到期问题，长沙理工大学张建仁教授带领团队围绕桥梁的耐久性评估方法、安全性评定理论以及桥梁力学和长期性能提升技术开展研究，通过科研创新为桥梁工程领域重大问题和需求提供基础理论与实用技术。在国内率先围绕桥梁可靠性评定、安全性评估及控制开展工作，开辟了多个对我国桥梁建设具有重要现实意义的研究与技术应用方向，解决了桥梁损伤破坏过程力学行为的不确定问题，攻克了随机性与模糊性信息条件下混凝土桥梁剩余寿命评估的关键技术难题，取得了桥梁剩余寿命预测技术等多项具有显著创新性的重大研究成果，并在数百座桥梁的检测与维护中得到应用。

二、谋定后动，勇攀学科高峰

针对既有桥梁承载能力的研究，实验室环境往往无法真正实现性能与场景的重现与再造，通常需要进行实桥试验，根据测得的结构反应参数来预测桥梁承载能力。那么，既有桥梁老化及损伤构件又该到哪里去获取呢？怎样运回实验室开展研究呢？怎样进行相关试验设计呢？这一系列问题一直困扰着张建仁教授。

（一）小试牛刀，北门拱肋取突破

北门桥位于湖南常宁市北郊的省道 1807 线上，为钢筋混凝土等截面悬链线双曲拱桥。该桥建成于 1973 年，2002 年相关单位组织对其进行全面检测，发现拱肋上的部分混凝土已经剥落，部分位置钢筋锈蚀较为严重，且混凝土强度已不能满足要求，无维修和利用价值，决定拆除重建。“构件老化、钢筋锈蚀、性能已提前不满足要求……”，这正是目前中小跨径桥梁所面临的技术瓶颈，张教授在了解这一情况后，带领课题组成员马不停蹄地赶往现场。当天下着暴雨，来的时候途经一些地方并不好走，道路崎岖不平，泥泞不堪，但迎难而上的精神是张教授及其团队最不缺少的。

为进一步利用实桥构件研究不利环境、荷载等对桥梁结构性能的影响，张建仁教授想从现场拆除一批构件，将其运回实验室，进行承载力试验。然而，该想法立即遭到了当时工作人员的反对，因为相比于全桥暴力拆除，想要完好地保留一些构件需要耗费巨大的人力、物力和财力。张建仁教授耐心与各方人员讲解了既有中小跨桥梁安全性能评定目前存在的技术瓶颈，以及开展既有桥梁承载力评定研究的重要性，最终说服了各方人员。在获得全票通过的情况下，张建仁教授带领团队成员顺利地在原桥拆除后选取两片外观较好的拱肋运至实验室。

在构件运至实验室的当晚，张建仁教授便制定了试验方案，因为这个想法已在他脑海中谋划多年。课题组成员也立即开展了旧桥构件的相关试验研究，大家通过自制钢拱座将试件固结于地面，完成了两片拱肋的安装工作。在张建仁教授的悉心指导下，众人齐心协力、夜以继日进行着试验，最终在桥梁安全性能评定方面取得了突破性进展（图 1.1）。

图 1.1　服役 28 年北门桥拱肋实验室试验

（二）接续前行，姜公桥板解难题

姜公桥，位于湖南宁乡境内，建成于 1967 年。这座 10m 的 Π 形简支板桥横跨沩水，桥面宽度为 7m。长期的超载工作状态和恶劣环境影响，导致姜公桥的病害不断发展，桥面出现大面积破损，基础也遭到严重冲刷，无法满足当地交通通行的需求。鉴于这一情况，长沙市公路局认为该桥已经没有维修和加固的价值，决定对其进行拆除重建。然而，该桥的原始设计资料、图纸、施工记录以及建成后的相关性能评定资料和检测记录均已丢失，这为该桥拆除埋下了安全隐患。如何利用现有的资料和数据反演该桥的历史数据，并对该桥拆除重建过程进行安全性能评估，成为当时的一个难题。这时张建仁教授挺身而出，带领科研团队投身于紧迫的桥梁检测试验（图 1.2）。张建仁教授带领团队将桥梁现场和试验室当作战场，投入了全部精力。他们在桥梁现场进行勘察，在实验室进行数据分析和试验研究。

图 1.2　服役 36 年姜公桥构件拆除及实验室试验

最终，在张建仁教授的带领下，姜公桥的测评工作取得了重要突破。他们检查了姜公桥的外观和材料，检测了桥板的几何形态参数、表面缺损、裂缝分布、混凝土碳化、钢筋分布、材料强度等方面的情况。通过钻芯试验，测得了混凝土强度值，并对钢筋锈蚀程度进行了观察。在此基础上，张建仁教授研究了混凝土碳化对强度的影响以及钢筋锈蚀对力学性能的影响，探讨了混凝土桥梁耐久性的影响因素以及这些因素对承载力的影响。在服役性能评定方面，张建仁教授采用特制液压千斤顶 - 反力架系统作为加载装置，通过同步加载和静动态试验交叉进行，确定了姜公桥的极限承载力，探明了荷载下桥板的损伤情况和动力特性。

通过以姜公桥为实桥背景进行有效、科学且合理的研究，张建仁教授开展了钢筋混凝土结构材料的耐久性研究、无损检测和破损检测方法研究，创新性地提出了用荷载试验评定桥梁承载力的方法。张建仁教授的一系列努力为新姜公桥以及国内外中小跨径桥结构安全和承载能力保驾护航，为我国经济发展提供更加可靠的桥梁交通条件。

（三）砥砺奋进，南坪破桥登高峰

研究桥梁极限承载能力最理想的途径是进行实桥破坏性试验，但由于实桥破坏性试验难度大、成本高，国内外对实桥破坏试验鲜有报道。南坪桥位于湖南宁乡境内的省道209线上，是一座三跨斜交的钢筋混凝土简支 Π 形梁桥，建成于 1964 年 12 月。由于车辆荷载超限及自然环境腐蚀作用，2006 年该桥已经出现了明显的疲劳损伤，桥面的通行能力受到很大影响。张建仁教授抓住南坪桥拆除重建的难得机遇，前瞻性地提出以南坪桥为依托，对拆除前的旧桥进行实桥破坏性试验研究。为此，张建仁教授经过多方协调，在学校和当地政府的支持下，终于获批对南坪桥边跨段开展破坏性试验的宝贵机会（图 1.3）。

在破坏性试验实施前，张建仁教授做了大量的准备工作，带领团队对南坪桥技术状况进行了全面的调查，调研内容包括结构线形尺寸、混凝土强度、配筋参数、结构损伤病害等。由于采用真实车辆进行超限车载试验存在较大的桥梁垮塌风险，张建仁教授与某装备公司前后进行了 10 次协商会谈，终于获得了一套高精度的液压驱动设备，建立了一个可靠的数据采集系统来实现远程传输、自动采集和监测，最大限度地保证试验人员安全。实桥足尺试验技术难度高，测试工作量大，实施时间长，人员参与度广。为保证试验顺利进行且不耽误新桥施工进度，张建仁教授充分发挥“管理 + 技术”协同优势，成立理论分析组、车辆调度组、静力加载组、现场检测组、数据分析组、后勤保障组 6 个小组，合理调度，系统推进，有条不紊，历时一个月高效地完成了现场试验工作。本次试验是国内首次对服役年限较长的旧桥进行极限状态破坏性试验，具有鲜明的创新意义、高度的现实意义和深远的战略意义，张建仁教授接受了有关媒体采访并被外界媒体和学术人士评价为“开展了极为罕见的整桥破坏性试验，在桥梁服役性能评估方面取得了突破性进展”（图 1.4）。

图 1.3　服役 43 年南坪桥整桥现场破坏试验

图 1.4　张建仁教授现场接受有关媒体采访

三、多向出击，终成累累硕果

自 20 世纪 80 年代初攻读硕士学位起，张建仁教授就结合我国当时公路桥梁设计规范，率先在公路交通领域开展结构可靠度理论及其应用研究，一直坚持进行桥梁结构可靠度分析、设计和评估研究工作，并取得了显著成绩。针对中小跨径桥梁安全性能评定与维修问题，张建仁教授通过 300 余根快速腐蚀构件、20 余根拆除旧桥构件及一座服役 43 年的实桥现场破坏试验，积累了大量实桥试验数据，提出了服役混凝土桥梁可靠性评价与维修加固决策方法；相关成果获得了 2010 年湖南省科技进步一等奖和 2011 年国家科技进步二等奖（图 1.5），在《Journal of Structural Engineering》《Journal of Bridge Engineering》等期刊发表论文 70 余篇；成果在湖南、广西、贵州、四川、广东等地数百座服役桥梁的可靠性评定与维修加固决策中得到了应用，减少拆除旧桥 200 余座，经济社会效益显著。

图 1.5　张建仁教授获得 2011 年国家科技进步二等奖（第 1 完成人）

张建仁教授作为研究生导师，注重团队建设，实行“导师指导、青年教师协助、高年级带低年级”的培养模式，以土木工程一级学科博士点、博士后流动站和国家级实验教学示范点为人才培养基地，重视团队梯队建设和青年创新人才培养，营造良好的学术环境，激励广大青年积极进取，崇尚科研创新。张建仁教授共培养博士、硕士研究生 70 多名，其中 1 人获评全国百优博士论文奖，多人获评湖南省优秀硕士、博士论文奖，张建仁教授也被评为全国优秀博士学位论文指导教师（图 1.6）。张建仁教授积极拓展团队研究生的国际化视野，先后资助 10 余名博士赴美国、法国和新加坡等地的高校开展为期 1 年以上的访学，培养毕业的博士生人均发表 SCI 高水平论文 7 篇以上。

张建仁教授作为长沙理工大学土木工程学院学科带头人、土木工程一流学科建设首席专家，从 1999 年至 2015 年一直担任学校领导职务。上任伊始，正逢学校合并组建和学校转型时期，也是土木工程专业学科飞速发展时期，还是一级学科博士点、省级优势特色重点学科、国家特色专业、国家级示范实验中心、国家级教学团队、国家精品课程等申报时期，任务重、时间紧，张建仁教授和学科成员不畏艰难，加班加点撰写申报材料。后来这些平台都已顺利获批，张建仁教授正带领土木工程这个优势和龙头学科向国家重点学科进军。

图 1.6　张建仁教授获评全国优秀博士学位论文指导教师

四、结语

三尺讲台，诲人不倦；追求学问，锲而不舍；严谨治学，精益求精；投身教育，乐此不疲。这是长沙理工大学张建仁教授从教四十余载的真实写照，也是他的执着追求。桃李不言、下自成蹊，四十余载的创新与成绩，保证了他在三尺讲台始终能将学科最新、最前沿的知识带给学生，同时他也以严谨的治学与科研态度影响着一届又一届的学生。每逢节假日，他的电子邮箱、手机短信箱总是被各种祝福语塞得满满的，学生毕业后重逢的聚会上，鲜花和掌声总围绕在张教授的身边。“国家级教学名师”“全国优秀教师”“湖南省教学名师”这些光环的背后，是张建仁教授从教 40 余载的满腔热血和赤诚之心。张建仁教授正用自己的执着追求和谦逊谨慎在科学研究和教书育人上诠释着执着坚韧、追求卓越的长理精神。

第2章

宝剑锋从磨砺出　梅花香自苦寒来
——省属双非院校“973”项目零突破

2015年3月6日，中国政府网公布《科技部关于国家重点基础研究发展计划2015年项目立项的通知》，由长沙理工大学土木工程学院的张建仁教授牵头申报的国家重点基础研究发展计划（“973”计划）项目“特大跨桥梁安全性设计与评定的基础理论研究”获科技部批准立项。“973”计划项目是国家基础研究领域最高级别的项目，主持“973”计划项目是对一所高校和一个团队基础科研领域研究水平的高度认可。张建仁教授和他的团队凭借敢为人先和艰苦奋斗的精神在历经多重磨难后，最终实现了湖南省属双非院校“973”计划项目的零突破。

一、厉兵秣马，打磨精品标书

时间回到2010年初，那时我国公路桥梁数量已达73万余座。然而，既有桥梁在多场（强风、车辆荷载、重力场、温度场、湿度场）和复杂环境（氯盐、硫酸盐、冻融、碳化）等多因素耦合作用下的安全问题日益突出。例如，强风作用下特大跨桥梁多次出现危及安全的振动，大跨径混凝土箱梁桥普遍存在跨中下挠和开裂，特大跨斜拉桥、拱桥在腐蚀和疲劳作用下吊杆、拉索等关键构件损伤严重，桥梁施工期和服役期安全事故亦时有发生。然而，由于特大跨桥梁结构组成与受力复杂，当时还没有完整的基础理论和可靠的评定方法。张建仁教授作为一名资深的桥梁工程专家，深深体会到我国特大跨桥梁设计与建造基础理论研究存在严重不足。张建仁教授下定决心要攻克这个重大难题，以填补国内外在该领域研究的空白。

万事开头难。2010年进行第一次项目申报时，长沙理工大学还没有成功申请大项目的经历，即使放眼全国，省属普通院校也没有成功的先例。在项目申报初期，张建仁教授辗转多地考察调研、多方取经。在第一次项目申报的几个月里，张建仁教授瘦了整整十斤，脸上也显现出了棱角，可张建仁教授依然精神抖擞，仿佛有用不完的精力。凝心聚力、坚持不懈是寻求新突破的必经之路，但是成功并非一夕之功，项目申报历经了2010年、2011年、2012年和2013年，突破性的进展并没有像期待中的那样来临。“我们一定能申请成功”，张教授对此深信不疑，一颗种子在张教授的心中深深埋下。

2014 年，张建仁教授再次带领项目申报团队进行了广泛的文献研究，统筹协调同济大学、大连理工大学、湖南大学、长安大学及多所科研院所共同开展项目申报工作。他们分析了现有的安全性设计方法和评定标准，并认识到特大跨桥梁的设计和评定需要更加精细和全面的考虑。在准备申请材料的过程中，团队成员投入了大量的时间和精力进行系统地研究、计划、设计，明确了研究目标和方法。他们从多方面展开工作，如桥梁结构的理论分析、数值模拟和试验研究，以提供可靠的理论基础和试验数据支撑。同时，他们还进行了前期的试验研究和案例分析，以论证项目理论和技术路线的可行性。在提交申报材料的前半个月，张建仁教授已将全部资料审查了十余次，为确保每个环节都万无一失，张建仁教授在项目提交截止日期的前两天又从头开始对全部的材料做最后审核，审核内容从专业名词的使用是否妥当到每个标点符号的运用是否合理，逐字逐句、精心打磨精品标书。

团队成员马亚飞教授感叹道：“面对错综复杂的申请程序和文件提交格式要求，需要付出大量的时间和精力来准备。除此之外，我们还经常遇到质疑和争议，但张老师总是耐心地解释和回应。他曾说过：‘我们申请如此庞大的科研经费，对国家和人民负有极大的责任。对我们的怀疑是正常的，不怀疑反而不正常。我相信这个项目的研究对桥梁工程领域的发展具有重要意义’。‘宝剑锋从磨砺出，梅花香自苦寒来’这句话是张老师时常勉励我们和激励自己的。张老师以家国情怀为动力，以民族振兴为己任，孜孜不倦地工作，为国家和社会的进步与发展贡献自己的力量。在他的鼓舞和引领下，整个团队的氛围非常融洽，大家充满激情斗志，一想到我们的工作可以为祖国和人民作出贡献，我们都充满了干劲！”

功夫不负有心人，2015 年 3 月 6 日，科技部发布《科技部关于国家重点基础研究发展计划 2015 年项目立项的通知》，项目申请成功。整个团队都沉浸在欢呼喜悦当中。而此时张建仁教授默默地走出办公室，抬头看向了蔚蓝的天空，他在思考着接下来更为艰难的事情：如何对标进度节点、保质保量、一丝不苟地完成这个极为来之不易的“973”计划项目。

二、循序渐进，节点计日程功

“973”计划项目的实施时间为 2015 年 1 月 1 日至 2019 年 12 月 31 日，时间紧、任务重、考核多是项目实施阶段张建仁教授面临的难题和挑战。张建仁教授积极协调行业特色院校和科研院所，把项目分成五个子课题，充分发挥各单位的专业特长，强

图 2.1　“973”计划项目实施方案研讨会（前排右一为张建仁教授）

调课题组之间相互交流和互帮互助，组织多次实施方案研讨会（图 2.1）。作为项目负责人，张建仁教授统筹试验调查、方案制定、设备加工、材料购买、人员协调等各环节任务。“张老师在开展茅草街大桥吊杆腐蚀性能退化试验的那一段时间，晚上几乎都是十一二点钟才离开办公室，凌晨两三点都还在研讨群里面交代试验注意事项。”团队成员马亚飞教授回忆道。张建仁教授对于每一个试验方案都进行了反复推敲，特别是对细节的把控，要求十分严格。张建仁教授后来说道：“我们做试验模拟，桥梁模型失效破坏或倒塌不会有严重后果，但每一次试验的失败都值得我们吸取教训，因为在实际工程之中，大跨度桥梁一个构件或者结构的失效往往会造成不可估量的影响甚至是灾难。”

张建仁教授的领导能力和做事的精神鼓舞着科研团队克服了项目执行期间一个又一个的困难。2015 年 5 月，“特大跨桥梁安全性设计与评定的基础理论研究”项目实施方案研讨会在长沙召开；2017 年 6 月，项目中期进度会在长沙召开（图 2.2）；2018 年 12 月，项目 2018 年年度总结会议在长沙召开（图 2.3）；2019 年 9 月，项目课题验收评议会在长沙召开；2020 年 6 月 19 日，中国政府网公布《科技部关于发布国家重点基础研究发展计划（含重大科学研究计划）2019 年结题项目验收结果的通知》，标志着由张建仁教授担任首席科学家的湖南省属高校第一个“973”国家重点基础研究发展计划——“特大跨桥梁安全性设计与评定的基础理论研究”以良好的成绩通过科技部结题验收。

项目在执行过程中得到了周绪红院士、聂建国院士、郑健龙院士、陈政清院士、吕西林院士等国内外知名学者的一致好评，项目的完成进一步扩大了长沙理工大学土木工

图 2.2　“973”计划项目中期进度会
（左一为张建仁教授）

图 2.3　“973”计划项目 2018 年年度总结会议
（左四为张建仁教授）

程学科的知名度和影响力。同时，张建仁教授孜孜不倦地寻求与国际专家的合作，促进知识交流，拥抱前沿技术，他对科研学术的卓越追求和培养合作环境的能力赢得了国内外同行的尊重和钦佩。

三、乘势而上，成效粲然可观

时间来到 2019 年 9 月，这是“973”计划项目执行期的最后一年，也是准备项目结题的关键时刻。9 月初到 11 月末这段时间里，张建仁教授及其团队成员非常忙碌，每个人都在争分夺秒。张建仁教授是项目的首席科学家，不仅有自己的工作，还需要统筹协调 5 个课题之间的沟通和衔接。他每天的睡眠时间不超过四个小时，工作至凌晨 3 点已是常态，七点前赶到工作室是规矩。在项目结题期间，各种材料堆叠在一起已装满两间办公室。在项目执行最后的关键时刻，张建仁教授以行百里者半九十的态度对待工作，即使是专家评委组已经认为该项目的成果和效益已超出预期，张建仁教授对自己的工作依然没有丝毫懈怠。最终，项目结题报告写满了严谨的数据和详尽的试验结果，张建仁教授和团队的努力得到了国内外同行的高度认可和赞赏，他们的研究成果为相关领域的科学发展提供了重要的理论基础和实践指导。

经过长达 5 年的不懈努力，张建仁教授和他的团队进行了大量的试验研究、理论推导和数值模拟，不断完善和优化特大跨桥梁的安全性设计和评定方法。他们还与多家桥梁施工单位和兄弟院校进行合作，收集实际工程数据并进行实地考察，以验证他们研究成果的可靠性和实用性。在整个研究中，他们取得了丰硕的成果，获得了 2018 年度湖南省技术发明一等奖（图 2.4），在国际国内著名期刊发表学术论文 110 余篇，其中 SCI 论文 59 篇，EI 论文 38 篇。申请发明专利 23 项，授权发明专利 12 项。培养课题组成员获评青年长江学者 1 人、交通运输行业中青年科技创新领军人才和湖湘青年英才等省部级人才 4 人次，当选世界道路协会灾害管理技术委员会委员等 5 人次，培养博士研究生 11 名、硕士研究生 43 名。指标完成情况大大超出预期，在学术界和工程界产生了极大的影响。张建仁教授和他的“973”计划项目对长沙理工大学土木工程学科发展的贡献也是不可估量的，提升了长沙理工大学和土木工程学院的声誉，依托项目研究成果，组建了“南方地区桥梁长期性能提升技术”国家地方联合工程实验室（图 2.5），土木工程学科在第四轮评估中取得了“B+”的好成绩。

湖南省
技术发明奖
证书
为表彰湖南省技术发明奖获得者，特颁发此证书。
获奖项目：大跨度混凝土桥梁服役安全保障若干新技术
奖励等级：一等奖
获奖者：张建仁（第1完成人）
证书号：20183037-F1-217-R01

图 2.4　张建仁教授获 2018 年度湖南省技术发明一等奖（第 1 完成人）

图 2.5　国家地方联合工程实验室

四、结语

从项目初次申请到最终结题，张建仁教授和他的团队凭借着顽强奋斗、永不言弃、舍我其谁的实干精神，历时 10 年准备、策划、执行并成功完成了“特大跨桥梁安全性设计与评定的基础理论研究”项目。这个过程的艰辛程度只有亲身经历者才能真正体会，他们以扎实的科研能力和创新精神，克服了诸多困难和挑战，展现出了我国科研人员高度的责任感。作为新时代的青年，我们要争做实干精神的时代传人，爱国奉献，砥砺奋斗，瞄准关键领域，潜心钻研，协同创新，聚力攻关，为坚定不移走中国特色自主创新道路贡献自己的聪明才智，以青春之我、奋斗之我，为交通强国献计献策，为民族复兴铺路架桥，为祖国建设添砖加瓦。

第3章

长理桥梁医生妙手回春
亚洲第一拱桥焕然一新
——金沙江南门大桥的维修加固

金沙江南门大桥简称南门大桥，是位于宜宾市三江汇合口上游0.7km、跨越金沙江航道的一座特大型桥梁，于1990年7月建成通车，桥长387.4m（主跨243m），桥宽19.5m，为中承式钢筋混凝土公路拱桥，曾有"亚洲第一拱"之称。建成时是连接宜宾主城区与南岸区的唯一一座公路桥梁，也曾是川南出入云南的交通要道，每天有几万辆机动车通过此桥，对宜宾经济发展起着举足轻重的作用。20多年来，南门大桥承载着日益骤增的人流、车流，承载着宜宾城市繁荣发展的历程，曾是四川省的十大标志性建筑之一。2001年11月，由于交通量过大和吊杆锈蚀等原因，南门大桥部分吊杆与主梁断裂。长沙理工大学土木工程学院刘扬教授团队集智攻关、团结协作，对该桥进行了病害检测，经过多次加固与维修改造处理，南门大桥依然屹立于金沙江上。

一、交通要道，南门大桥促发展

宜宾三江分割、三山对峙，多年以来一直以旧城为主体发展，高密度的人口和建筑使宜宾老城区的发展难以拓延，严重制约了宜宾城市建设和经济、文化的发展，成为宜宾市政府和市民心中的一块大石。为了从根本上解决宜宾市跨长江交通和城市交通过境分流问题，宜宾人下定决心建设宜宾长江大桥。

四川省宜宾市金沙江南门大桥于1990年7月建成通车，是主城区跨越金沙江的一座特大桥，距金沙江与岷江汇合处约1000m，是城区南北两岸进出的咽喉通道，是宜宾市城区标志性建筑之一（图3.1）。主桥为中承式劲性骨架钢筋混凝土肋拱桥，主跨243.367m，拱肋净矢高48m，矢跨比为1/5。主拱轴线为悬链线，拱轴系数为1.756，主拱结构为两条分离式平行拱肋无铰拱，两拱肋用K撑和X撑连接。桥面纵板为预应力混凝土空心板，吊杆横梁为预应力混凝土结构，纵板与横梁固结。

原桥的设计荷载标准为汽车－超20，挂车–120，人群荷载3.5kN/m^2。主桥桥面布置为3.25m的人行道加上13m的车道，其中包括3车道与非机动车道，主桥桥面总宽

图 3.1　金沙江南门大桥照片

20.2m。抗震设防烈度为Ⅶ度。加固后金沙江南门大桥的设计荷载修改成公路 - Ⅱ级，城 –B，人群荷载 3.5kN/m^2；主桥桥面布置改为 13m 宽的 4 车道加净宽 2 × 4m 的人行道与非机动车道，总宽 24.6m（图 3.2）。

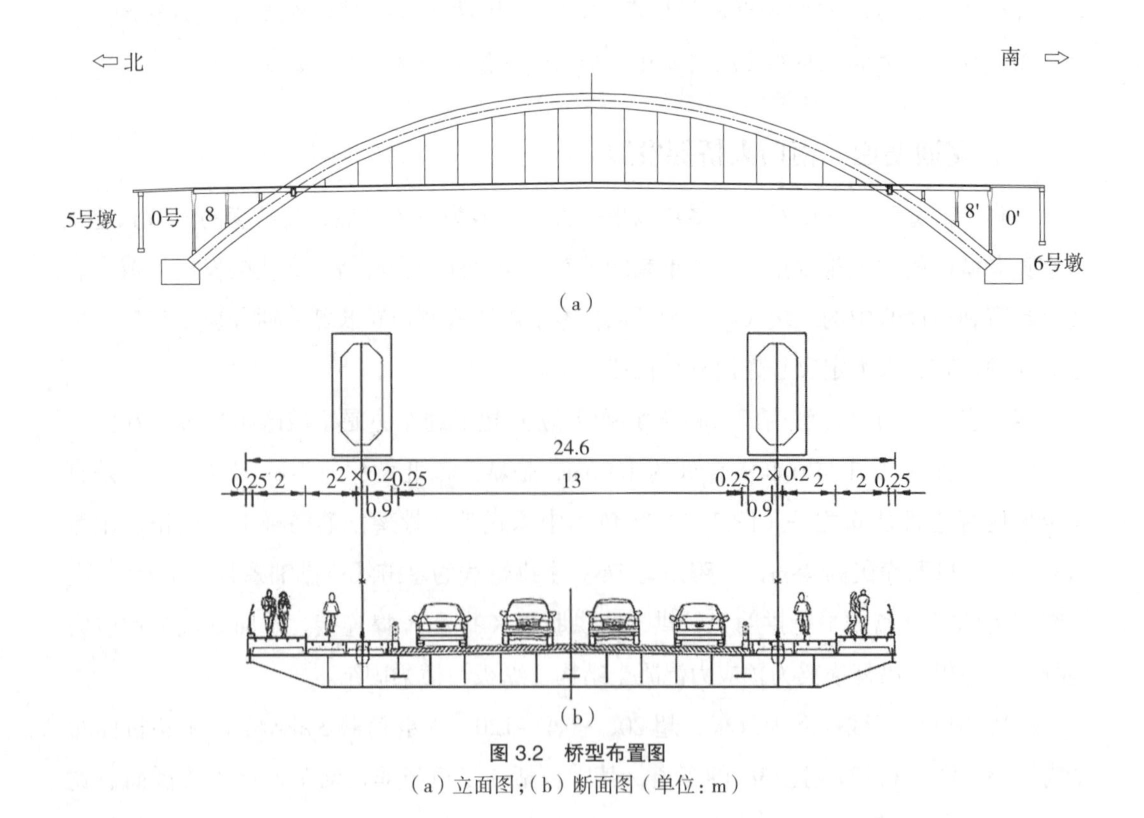

图 3.2　桥型布置图

（a）立面图；（b）断面图（单位：m）

二、长理桥梁医生，系杆拱桥病害诊治

2001 年 11 月 7 日凌晨 5 点左右，南门大桥发生了桥塌事件，其中南岸 32 号、40 号、48 号和北岸 32 号吊杆突然断裂，导致相应桥面整体垮塌（图 3.3）。该桥梁于 2002 年 7 月维修加固后通车。长沙理工大学刘扬教授团队对南门大桥进行病害检测和加固方案拟定，于 2011 年对主拱肋、门架墩及横梁表面进行防腐涂装，混凝土缺陷修复与补强，横梁端部加固补强，增设吊杆索力监测系统和桥梁限高设施，并对引桥支座进行更换。

图 3.3　吊杆断裂后的南门大桥

原桥为桥面连续的多跨静定体系，受原设计构造空间的局限，无法采用加吊杆的方式进行加强，一根吊杆的损坏即会造成相邻两跨塌孔，因此加固设计改为纵横梁连续超静定体系，能防止桥道系塌孔。南门大桥的桥道系采用以横梁受力为主的简支体系，其整体性差，在汽车荷载作用下单根吊杆的应力幅较大，易出现疲劳损伤，严重时会造成桥梁垮塌。国内已有数座相同体系桥梁在吊杆失效后发生桥面系坠落或垮塌，同时这类桥梁体系的桥道系病害也较多。

加固设计原则：主要解决中承式拱桥吊杆 + 横梁支撑简支桥面结构体系的安全可靠度问题，采用连续结构桥面体系提高其安全性能，并解决吊杆变形协调性、可检性，增强桥面系的连续性、强健性，防止吊杆失效的桥面系坠落或垮塌，并对其他部位进行耐久性维修；对桥面进行加宽，将非机动车道与机动车道分离，增加机动车道数，并对桥面车行道、非机动车道、人行道重新进行划分，提高其通行能力，采用钢 – 混凝土组合桥面板，减轻恒载自重，提高主桥承载能力；主梁最不利应力变化值控制在 10% 以内，并满足设计规范要求；恒载状态下，调索前后，索塔坐标状态不变，争取向岸侧微偏。

本次加固采用纵横梁 + 组合桥面板桥道系，从根本上解决桥道系的安全问题，因此全部更换主桥桥道系，将简支结构改成连续结构，形成纵横梁的整体结构，防止吊杆失效的桥面系坠落或垮塌。将多跨静定体系改为结构连续超静定体系后，组合结构桥道系能有效解决桥面板受局部冲击荷载大、开裂严重、支座脱空变形移位及桥面振动大等弊端，避免在横梁上设置小牛腿的设计缺陷。拱肋与桥面交界处横梁设计，需拆除拱肋外侧横梁悬臂部分，再新设钢结构牛腿。钢结构牛腿通过锚栓与横梁连接，施工时先实测横梁高度及截面尺寸，以精确定位牛腿位置和校核钢结构安装尺寸。

原桥主桥伸缩缝设置在拱肋与 24 号横梁交界桥面处，靠近 24 号横梁处短吊杆在长期活载作用下，疲劳应力幅大。为了改善短吊杆受力状况，将伸缩缝改造设置在 0 号门架顶处桥面，主桥范围内采用连续钢格子梁组合桥面板体系。

桥梁的损伤用强度、刚度及耐久性三个因素来衡量，三个因素相互影响，且任何一个因素不满足要求就称为损伤。桥梁损伤按照构件的承载能力分为非结构性损伤和结构性损伤，非结构性损伤是对桥梁结构的承载和传力没有影响的构件损伤；结构性损伤是对桥梁结构的承载和传力有影响的构件损伤。中承式吊杆拱桥主要损伤特征分别为：裂缝、锈蚀、破损、松脱等。

长沙理工大学刘扬教授团队对该桥梁结构进行了有限元复核（图 3.4、图 3.5）。

图 3.4　南门大桥加固方案的有限元模型

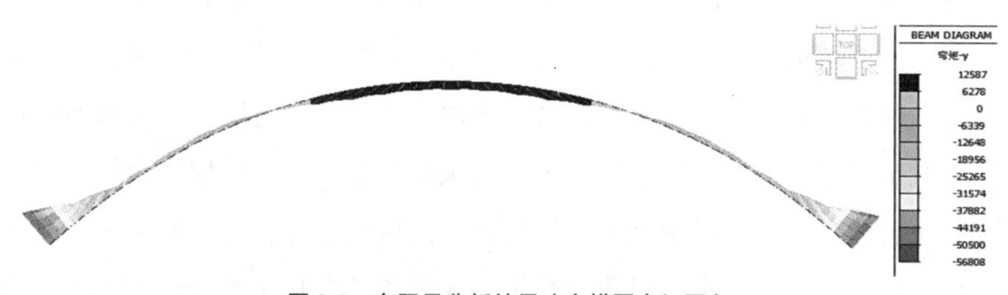

图 3.5　有限元分析结果（主拱圈变矩图）

检测过程发现，除 24 号、24′号、32 号、32′号横梁外，其余横梁两端锚头周围混凝土均粘贴钢板局部加固；横梁侧面有不同程度的水渍、泛白痕迹，部分横梁底部存在修补、蜂窝、麻面、混凝土不密实等病害，局部保护层超薄、露筋；部分横梁梁侧混凝土破损、露筋锈蚀；部分横梁梁端封锚混凝土开裂、破损、浸水；个别横梁下锚头钢垫板周围混凝土破损、露筋锈蚀（图 3.6、图 3.7）；梁体底面裂纹以纵向为主，梁体侧面裂纹以竖向为主，裂纹宽度介于 0.02~0.15mm，部分横梁底存在贯通裂纹，横梁裂缝深度介于 19~55mm。

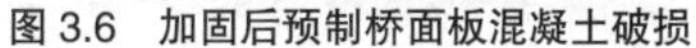
图 3.6　加固后预制桥面板混凝土破损

图 3.7　加固后主拱圈顶部混凝土破损露筋

桥面板病害较少，部分桥面板间铰缝溢浆，渗水泛白，部分桥面板底部开裂，渗水泛白，桥面板裂纹宽度介于 0.01~0.08mm，长度范围为 20~70cm，裂纹平均深度介于 20~30mm。部分支座出现横向、纵向不同程度的剪切变形，部分支座垫块破损、露筋，个别桥面板支座存在脱空病害；部分支座旁有植物生长。部分门架横向连系梁中部涂装层剥落，存在竖向裂纹；拱脚局部涂装层剥落，植物生长；拱上门架局部渗水泛白，X 撑存在局部蜂窝、麻面、破损、露筋等病害。

三、动静试验，加固桥梁换新颜

桥梁固有的振动特性（模态）具有特定的频率、振型等。模态参数识别是研究结构动力特性的基础，也是解决桥梁结构动力荷载试验成果的有效方法。通过动载试验得出其固有频率、振型等，当结构出现损伤时，模态参数会发生变化。实测结构损伤的模态参数，找出结构的损伤位置和程度，修正有限元模型，评定其结构动力性能，明确其技术状况。桥梁结构荷载试验分为静力荷载试验和动力荷载试验。长沙理工大学刘扬教授课题组针对中承式吊杆拱桥进行了动静荷载试验，并对桥梁的模态参数识别理论进行研究。

桥梁动力荷载试验选择在跨中测试其冲击系数，试验车采用一辆三轴标定车，用 DH5922N 系统采集分析试验数据。利用脉动试验测试基频，在 48 号、96 号、48′号吊杆处布置 3 个竖向加速度传感器。横向加速度传感器布置的位置与竖向相同。

图 3.8、图 3.9 为动载试验 5km/h、10km/h、20km/h、30km/h 无障碍行车时的动态应变时程曲线、基频测试数据。

根据动载试验 5km/h、10km/h、20km/h、30km/h 无障碍行车时的动态应变时程曲线图，得出最大动应变、最大动力系数和动态应变增量系数，分析动载试验曲线和动态增量系数，结果表明行车引起桥梁振动不大，桥梁抖动不明显，行车舒适。

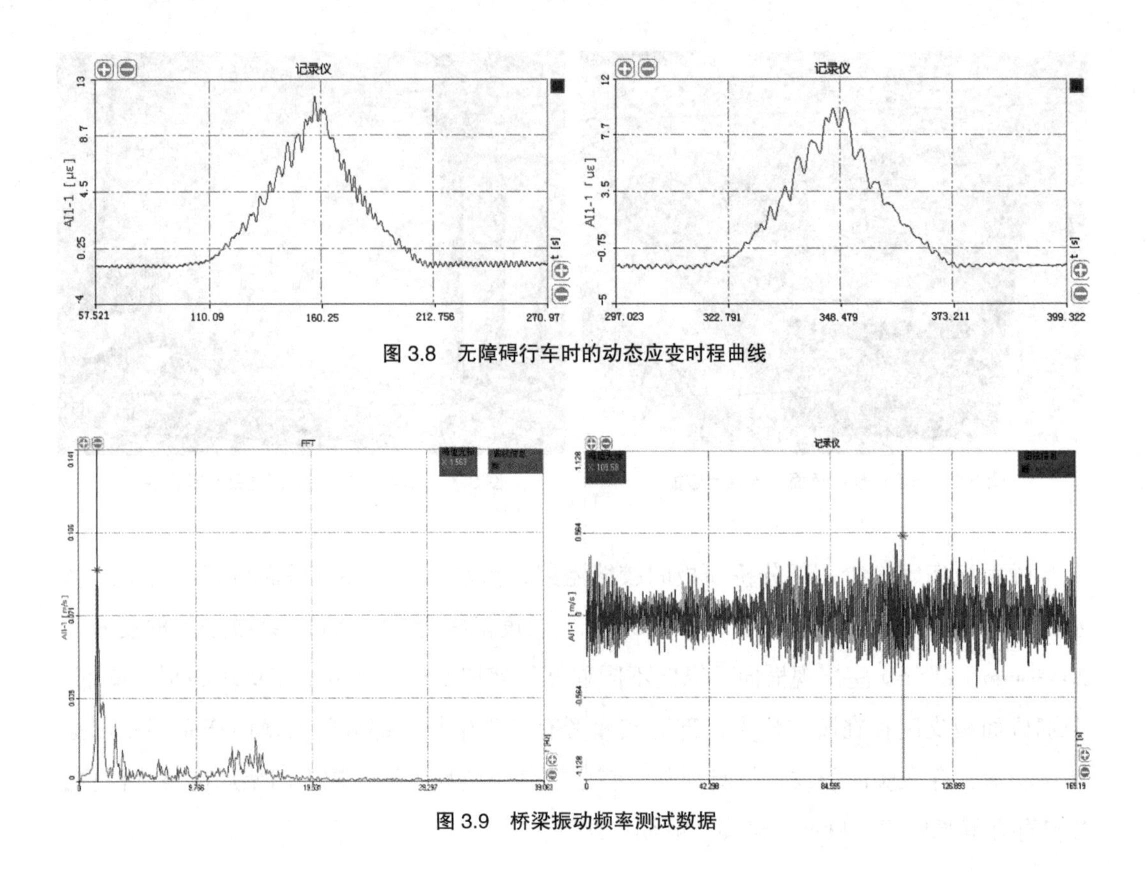

图 3.8　无障碍行车时的动态应变时程曲线

图 3.9　桥梁振动频率测试数据

四、结语

金沙江南门大桥建成时是“亚洲第一拱”，解决了宜宾市跨长江交通和城市交通过境分流问题。随着时间的推移，桥梁结构的承载力逐渐降低，而交通荷载持续增加，存在一定的病害。长沙理工大学刘扬教授和团队集智攻关、团结协作，对桥梁进行了病害检测，并对加固后的桥梁进行了荷载试验研究。正是刘扬教授和团队不惧严峻挑战，团结共克难关，服役 30 余年的南门大桥最终焕然一新，成为继续连接两岸的交通要道。

第4章
迎难而上，无惧挑战
——燕矶长江大桥的抗风研究

燕矶长江大桥作为国内首座不同垂度四主缆体系悬索桥，是连通黄冈市和鄂州市的快速过江通道。该桥的建设对推动超长跨度多层重载交通悬索桥的发展起到了重大的作用，对促进世界超大跨度桥梁技术的发展具有开拓性、探索性的意义，体现了我国工程设计勇于创新的精神。在桥梁建设过程中，涌现出了众多优秀的学者和工程师，他们以扎实的专业知识和负责的工作态度，为这项工程的顺利推进作出了重要贡献。其中，长沙理工大学土木工程学院的韩艳教授团队主持了桥梁抗风性能研究课题，开展了大桥抗风方案的研究和风洞试验。在长沙理工大学风洞实验室进行试验研究的过程中，面对层出不穷的难题，他们群策群力，一一克服，为大桥安全提供了切实保障。

一、双层四缆，国内首座

燕矶长江大桥连接长江北岸黄冈市黄州区和南岸鄂州市临空经济区（图4.1），上层为高速公路，下层为城市快速路。高速公路采用设计速度100km/h、路基宽度33.5m的六车道标准建设，城市快速路采用设计速度80km/h、路基宽度25.5m的四车道标准建设。

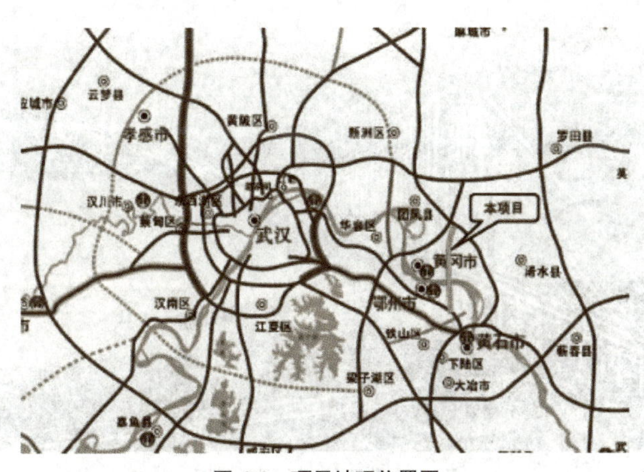

图4.1 项目地理位置图

燕矶长江大桥及接线工程是由国务院批准、国家发展改革委颁布的《长江干线过江通道布局规划》重点推动实施的过江通道，是湖北国际物流核心枢纽的关键配套工程。项目的建设对完善综合交通体系、提高核心物流枢纽综合效益、打造临空经济区、拉动区域经济快速增长、推动鄂黄一体化高质量发展具有重要意义。

燕矶长江大桥距离上游鄂黄长江公路大桥 6.5km，距离下游鄂东长江公路大桥 22km。桥位处航道布置多变，通航环境复杂，通航批复要求跨江主桥一孔跨过通航水域；由于南塔位于区域性深大断裂"襄樊－广济断裂带"附近，断裂带内工程地质极其复杂，为降低工程地质风险，南塔基础需要避开断裂带布设；同时因桥塔临近鄂州花湖机场，塔高受航空限高控制，主缆垂跨比小于常规悬索桥，因此主缆采用四主缆不同垂度布置以减少单缆内力。综上所述，燕矶长江大桥采用主跨 1860m 不同垂度四主缆悬索桥的形式。

燕矶长江大桥的大桥理论跨径组合为（550+1860+450）m，主桥采用主跨 1860m 的单跨悬吊双层钢桁梁悬索桥，主缆采用四缆不同矢跨比设计，内主缆跨度布置为（550+1860+450）m，垂跨比 f/L=1/13.058，主缆横向间距 35m；外主缆跨度布置为（510+1860+410）m，垂跨比 f/L=1/12.130，主缆横向间距 41m；单侧两主缆中心距 3m，吊索布置间距 9.0m。钢桁梁主桁架为华伦式桁架结构，桁高 9.5m，标准节间长 9m，2 片主桁中心间距 35m。上下弦杆和腹杆均采用箱形截面。桥面采用双层布置，上层为双向六车道，下层为双向四车道，上下层行车道桥面系均采用正交异性钢桥面板。图 4.2 为主桥的整体效果图，图 4.3 为立面示意图。

图 4.2 燕矶长江大桥效果图

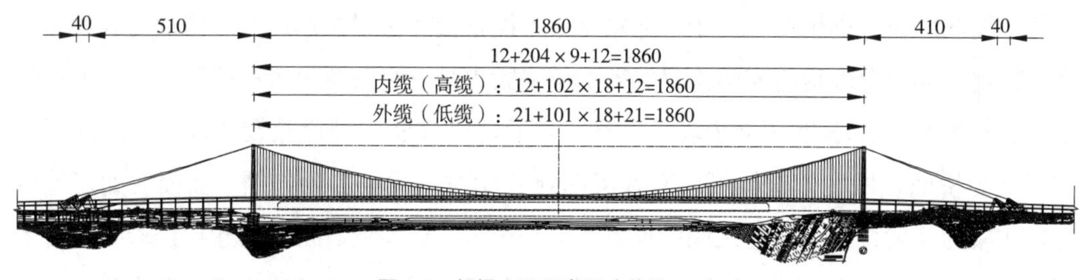

图 4.3　桥梁立面示意图（单位：m）

二、立足实践，直面挑战

在燕矶长江大桥的建设中，韩艳教授及她带领的团队担任了大桥结构抗风性能研究工作，主要负责其中的大比例节段模型风洞试验和全桥气弹模型风洞试验，最终对大桥成桥及施工状态的颤振、涡激共振、抖振及静风稳定等抗风性能作出综合评价。韩艳教授既是项目负责人，也是实践教育的引领者。她不仅注重课题的顺利推进，还怀着认真负责、立德树人的精神将自己的经验和技术传授给学生，在试验过程中时刻要求学生们秉持科学严谨的态度去开展研究。通过理论知识与风洞试验的结合，韩艳教授培养了一批又一批年轻的科研技术人才，研究生卜秀孟便是其中的优秀代表之一。

作为燕矶长江大桥风洞试验的学生负责人，当时硕士二年级在读的卜秀孟还未全程参与过任何一个大桥的风洞试验。接到任务安排，他心里是有些忐忑的。为此，韩艳老师跟他进行了交流，她告诉卜秀孟："这座桥比较特殊，是我们团队承担的第一座四主缆悬索桥抗风课题，你要用心去做。我知道对你来说有点难，有不会的可以向老师和同门师兄弟请教，不要畏惧困难，要迎难而上，要有克服困难的勇气和信心。"韩艳老师的一席话，打消了卜秀孟的顾虑。随后，他带领其他同学全身心地投入到课题研究中。

燕矶长江大桥风洞试验研究工作内容包括根据设计图纸建立有限元模型并进行静力分析、动力特性分析和模态分析，根据模态参数设计节段模型和全桥气弹模型，开展风洞试验，探讨桥梁断面气动优化等。该桥断面形式复杂，是国内首座四主缆双层桥面钢桁架悬索桥。主跨达到了 1860m，结构柔、阻尼低，故其对风的作用比较敏感。同时，由于大桥跨越开阔的江面，设计基本风速较高，抗风问题较为突出。为保证桥梁施工过程及成桥状态的抗风安全，必须采用合理的抑振措施抑制桥梁涡振的发生，并确保颤振临界风速满足抗风规范要求。面对新的结构形式，上述问题给桥梁抗风设计带来了严峻的挑战。

试验开始之前，需要开展桥梁结构的有限元建模。在建模过程中，上下桥面 U 肋如何等效、主缆及吊索索力如何计算、施工阶段边界条件如何模拟等都是必须解决的难题。同时，建模后处理部分需要将实际主梁等效为单主梁反算其横竖向抗弯刚度和抗扭刚度，而双层桥面钢桁梁不同于普通箱梁，不能直接在主梁截面的弯心施加荷载反算刚度。因此，如何合理地将实际主梁等效为单主梁也是一个需要思考的问题。针对上述问题，韩艳教授带领学生一步步攻坚克难。对于桥面 U 肋，韩艳教授建议，通过计算将其等效为桥面板厚度，这样可以有效考虑到 U 肋对主梁的加劲作用。而面对如何等效为单主梁的问题，通过师生之间的反复交流与思考，借鉴已有桥梁的建模经验，最终采用在桁架的四根主桁节点上同时施加相同方向或者相反方向的荷载来解决单主梁的刚度反算问题。解决了一个个难题后，团队终于顺利建立燕矶长江大桥的有限元计算模型（图 4.4）。

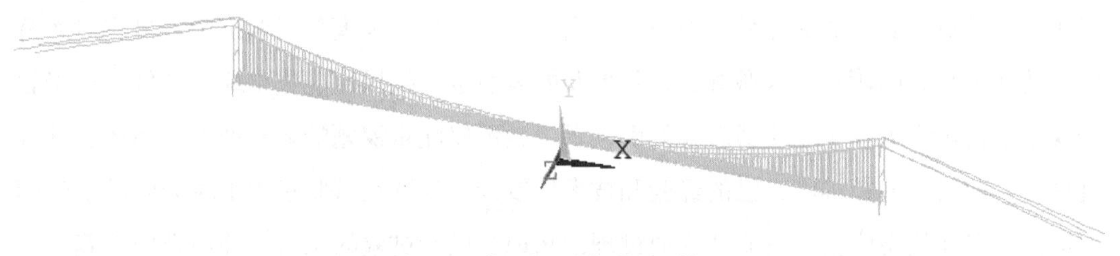

图 4.4　燕矶长江大桥有限元模型

三、集思广益，攻坚克难

大比例节段模型风洞试验中，由于模型缩尺比较大，模型理论重量达到 268kg，导致模型制作、支架搭设、端杆设计及模型架设均存在困难。通过实验室十余名学生的不断调试，最终才将模型安装完成（图 4.5、图 4.6）。根据测振节段模型设计的相似性要求，试验模型需要满足一定的参数相似比，由相似比进一步确定实桥结构与节段模型主要参数之间的一一对应关系。试验采用自由振动衰减法测试获得节段模型的频率与阻尼比。

图 4.5　大比例节段模型整体照片

图 4.6　大比例节段模型局部照片

在大比例节段模型试验中，首先需要检验大桥是否存在发生涡振的可能。如果存在，有必要确定涡振区间以及采取相应的抑振措施。燕矶长江大桥经过小比例模型初步优化之后，在大比例试验中发现仍存在小振幅的涡振。虽然涡振振幅没有超过规范要求，但是出于对大桥安全的考虑，需要尽可能地避免涡振的发生。经过一段时间的试验，尽管采取了大量措施，涡振还是没有得到完全的抑制。韩艳教授时刻关注着试验进展，与学生开展交流。针对瓶颈问题，她告诉学生，研究生不仅需要扎实的理论基础和科研能力，还需要具备实践经验和创新思维，同时注重团队协作，发挥各自的优势，寻找新的突破口。最终，通过不断的尝试，在上桥面检修道栏杆安装 0.5m、70° 抑流板使涡振得到了抑制。随后在后续的颤振测试中，团队又遇到了颤振临界风速偏低的问题，尝试了设置上下桥面中央稳定板、桥面开槽等措施后，发现单一措施仍然无法满足要求。最后，通过归纳总结，将单一措施进行各种组合，得到了满足颤振设防要求的气动措施。

由于气动弹性模型能较为真实地模拟结构的动力特性，也能较为准确地反映结构与空气间的相互作用，因此采用全桥气弹模型风洞试验来测量桥梁结构的气动弹性响应（图 4.7）。该试验过程，同样遇到了许多难题。在气弹模型设计时，为了使大桥主梁的竖向弯曲、横向弯曲以及扭转刚度均满足相似性要求，常规做法是采用芯梁来模拟主梁三个方向的刚度，并将芯梁完全隐蔽于外衣之内。对于闭口箱梁断面，这种做法非常方便且合理，但对于本研究中的钢桁主梁，连续通长的芯梁会对主梁气动绕流产生显著影响，从而导致模型与原桥的流场特性有较大差异。因此，结合以往的试验经验，本研究采用 U 形弹簧来模拟钢桁梁主梁的刚度。其中，弯曲刚度由 U 形弹簧面内同向弯曲即弦杆间距增大或减小来实现；扭转刚度由 U 形弹簧面外反向弯曲即主梁弦杆轴线的交错来实现。由于 U 形弹簧的尺寸相对于主梁模型非常小，且在构造上不连续，对流场的干扰可忽略不计。然而，该方法仍存在较大困难，其中包括如何保证 U 形弹簧的刚度满足要求。为了解决这个问题，卜秀孟在韩艳教授以及团队老师的指导下，根据模型实际尺寸进行气弹模型的有限元建模，对 U 形弹簧进行精细化建模，考虑不同材质、不同尺寸的 U 形弹簧对主梁刚度的影响。本研究中，U 形弹簧采用钢材制作，经过反复调整截面尺寸，U 形弹簧精确地满足了上述三个刚度的相似性要求，将误差降到合理范围内，准确模拟了主梁刚度。U 形弹簧与主梁连接如图 4.8 所示。最终几何尺寸由 ANSYS 软件计算刚度后确认（图 4.9）。

由于全桥气弹模型缩尺比较小，计算出的模型理论质量很小，模型制作修改多次才满足要求。同时，主缆只采用一种配重块来满足质量和气动外形的要求是难以实现的，因此最终采用玻璃柱和铅柱两种不同密度、不同直径的配重块以达到设计要求。根

图 4.7　燕矶长江大桥全桥气弹模型

图 4.8　U 形弹簧及其与主梁连接

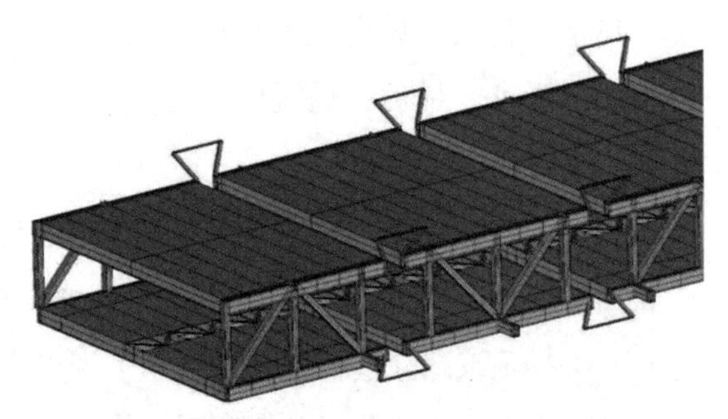

图 4.9　ANSYS 中 U 形弹簧与主梁连接模型

据前期研究成果，燕矶长江大桥的颤振稳定性验算需要考虑 –3°、0° 和 +3° 风攻角。为了在风洞中模拟 +3° 和 –3° 的风攻角，需要在风洞内铺设垫坡板以构成导流结构。为此，研究中采用了 15 块 2.0m（长）× 0.9m（宽）的垫坡板（图 4.10、图 4.11）。垫坡板一端紧贴风洞地面，另一端高度可以自由调节，通过调节另一端的高度，可实现 +3° 的来流风攻角（图 4.12）。对于 –3° 来流风攻角的模拟，则需要将垫坡板调整至一定的正角度以抬升气流，然后再采用一定负角度的垫坡板引导气流向下流动，经过反复调试，可生成 –3° 的风攻角。

受地面摩阻的影响，平均风速和湍流强度随高度变化，直至达到某一高度时，该影响可以忽略不计，这一高度称为梯度风高度，其范围内的大气层称为大气边界层。大气边界层内的风特性在时间和空间上都是随机的，气流的梯度效应及频谱特性对结构的风

图 4.10　垫坡板正视图

图 4.11　垫坡板侧视图

荷载及风致振动响应影响显著。在进行大跨度桥梁气弹模型风洞试验时，除了需满足桥梁结构特性及几何尺寸相似外，还必须正确模拟桥址区大气的流动特性。大气边界层风特性模拟是风洞试验的一个重要环节，合理模拟自然界大气的真实流动状态是保证试验结果可靠的必要条件，其模拟方法主要分为被动方法和主动方法。由于主动方法设备费用较高，目前国内外多数风洞均采用被动方法，本试验风特性模拟也采用被动方法。经分析，燕矶长江大桥的地表类型接近规范中的 B 类地表。模拟装置包括尖塔式静态漩涡发生器、分布式粗糙元等（图 4.13）。图 4.14 为紊流场中的全桥气弹模型。根据调试好的风场和全桥气弹模型，卜秀孟和其他研究生进一步检验了桥梁的抗风性能，确保各项内容满足规范要求。

图 4.12　+3° 风攻角气弹模型试验布置

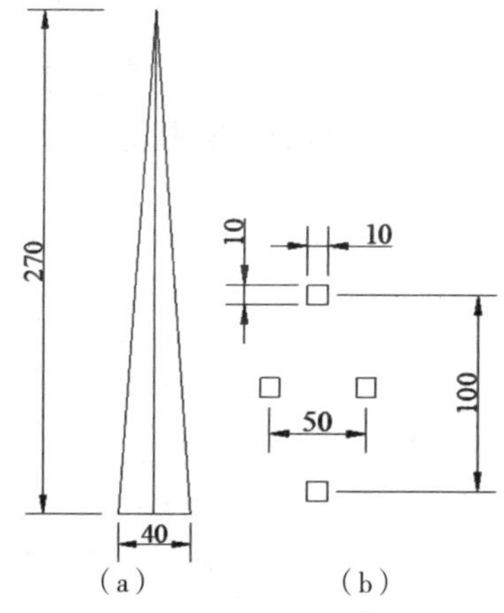

图 4.13　大气边界层模拟装置示意图（单位：cm）
（a）尖塔；（b）粗糙元

韩艳教授经常向学生强调，科研不要仅仅停留在书本，要多思考，多实践，这样有助于加深对桥梁风工程的理解。在实践中，有些问题会看得更清楚明白，认识更加深刻。在韩艳教授的指导下，学生将理论知识与试验应用有机结合，具备严谨的学习态度并掌握了扎实的专业技能。通过两部分试验的磨砺，卜秀孟收获了许多，成长了不少。试验结束后，韩艳教授问卜秀孟：“现在

图 4.14　紊流场中的全桥气弹模型

再让你负责一座桥的抗风试验，你还害怕不？”卜秀孟笑了笑，回答韩艳教授：“不怕了，现在我对整个试验流程已经完全熟悉，已经有底气了，下一次只会更高效、更细致地完成任务。”

四、结语

燕矶长江大桥采用新型四主缆悬索桥体系，单侧的两根主缆具有不同的垂跨比。因此，该结构体系在计算理论、设计方法等方面与传统的双主缆悬索桥有明显区别。面对新型的结构体系，分析其阻尼特性和静动力学行为，探讨其相对于传统双主缆悬索桥在抗风性能方面的差异，可为我国新型四主缆悬索桥的抗风性能评估提供科学依据，有利于推动我国超大跨度桥梁技术的发展。

燕矶长江大桥风洞试验的顺利开展，既离不开团队的默契协作，更离不开韩艳教授和团队老师的悉心指导。大家深刻体会到面对新的问题时，只要勇于挑战、乐于思考、善于沟通，一定会不断取得突破，迈向一个又一个新的台阶。

第5章

深耕桥梁工程数十载，引领安全防控新征程
——路网桥梁群运营安全防控创新研究群体

“路网桥梁群运营安全风险防控”是湖南省科技厅关于路网桥梁安全防控的重要课题，其在传统监测检测方法基础上融入了计算机技术，攻克了老化损伤桥梁安全评定的若干技术难题。在科研项目开展过程中，来自长沙理工大学土木工程学院的王磊教授和他的学生们投入了大量的时间和精力进行试验和理论研究，他们在追寻科学真理的道路上不辞辛劳，努力奋斗，展现出了团结合作、无私奉献和批判性思维的精神。正是他们的不懈探索和努力付出，为桥梁的服役安全提供了技术保障。

一、炎夏未阻试验热，实桥试验必躬行

南坪桥（图5.1）位于湖南省209省道，建于1964年12月，至今已服役近60载，在服役期间承受了大量超过原公路设计的荷载。为研究长期服役以及频繁的超限车载对桥梁服役安全的影响，2012年，长沙理工大学在当地相关部门的许可下，对该桥进行现场破坏性试验。项目开展期间，王磊教授作为技术负责人带领团队撰写试验方案，他特别强调此次试验的目的是考察严重超限车载对结构性能的影响，以及经过长期服役的既有钢筋混凝土桥梁的剩余承载性能。由于这是一座老桥，对于试验方案中加载方式和其量值的确定需要十分谨慎，加载过快或是加载量过大都有可能导致桥梁突然破坏，从而使试验现象和数据难以捕捉。

针对这一系列问题，王磊教授带领团队开展了相关的数值模拟研究和理论分析（图5.2）。就加载方式这一问题，王磊教授先后考虑了重物堆载、水箱加载、制作抗拔反力桩、岩石锚杆、桥下反力梁等加载方案，最终确定了以桥下配重箱作为反力基础、桥面上采用千斤顶加载的方案。针对加载量值这一问题，在对比多种加载情况后，确定分别采用8个和12个液压千斤顶来模拟标准两轴车与三轴车的车轮荷载，该试验方案在经过王磊教授和张建仁教授的多次修改后，最终得到了当地相关部门的认可。

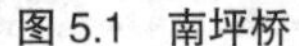

图 5.1　南坪桥

图 5.2　南坪桥现场试验

本次试验的主要监测对象为主梁梁体变形和钢筋应变等，采用电测式位移计、百分表、高精度水准仪对梁体监测，采用电阻应变片对钢筋进行监测。当时正处炎夏，老师和研究生们需要在高温条件下工作而且桥下空间较小，空气流通性较差。当时有位研究生在桥下安装和调试百分表时出现多汗、头晕等轻微中暑现象，王磊教授马上将其搀扶至树边阴凉处休息，对其降温消暑来缓解症状。由于白天炎热且工作强度大，许多研究生和老师们都出现了热感冒的症状，考虑到该桥的通行能力对于该区域内的交通量影响较大，许多研究生和老师们都坚持带病工作。由于该桥服役已久，钢筋的腐蚀已十分严重，时常会出现钢筋表面不够平滑而导致应变片贴上不久后便脱落的情况，也有部分应变片由于粘贴时胶体涂抹过多而在使用时出现短路现象，这些因素都大大增加了工作量。本次研究对服役超过 40 年的钢筋混凝土 T 梁桥进行现场破坏性试验，其成果对于大批建于较早时期的既有钢筋混凝土桥梁的力学行为研究和剩余承载能力评估具有重要的指导意义。

本次试验开展期间，由于在监测装置的设置以及相关监测数据的读取和记录方面需要花费大量的时间成本，桥梁封闭期持续了两周，这使得整个交通网的通行能力受到很大影响，大大加重了该区域内其他桥梁和道路的通行压力。试验中由于粘贴应变片、设置位移计等操作都需反复调试，这也耗费了大量的人力、物力和时间，严重减缓了试验的进程。在该实桥试验结束后，王磊教授深刻地认识到传统的监测、检测方法已难以满足当前高效、精准的需求，研究基于大数据驱动的监测、检测技术，借助计算机技术尽可能降低监测、检测对于桥梁运行能力的影响，同时提高检测精度和检测效率将是时代发展的新方向。

近年来，为构建物联网大数据驱动下桥梁安全风险防控新格局，以王磊教授为代表的中青年学者，紧跟国际前沿科技，以解决我国桥梁建－管－养阶段的重大科学技术问题为中心，以培养高水平人才、打造具有强烈创新意识和国际竞争力的科研群体为立足点，以满足我国桥梁工程运营期的安全风险防控需求为目标，以物联网大数据处理技术为核心，组建了“路网桥梁群运营安全风险防控”创新研究群体。

二、师生齐心成长路，努力筑就科研桥

“路网桥梁群运营安全风险防控”创新研究群体项目的主要研究内容为：桥梁群传感网络系统优化与数据高效采集，海量监测数据的传输与存储，桥梁异构大数据处理方法及关键变量的概率表征，桥梁群安全运营风险的多源信息融合评估及防控。前三项研究内容是研究团队多年来一直在进行的，因此有着一定的科研基础和丰富的科研经验，然而桥梁群安全运营风险的多源信息融合评估及防控这个研究方向较为新颖，仅有少数文献涉及。为解决上述问题，王磊老师带领研究生就这一研究内容开展了大量的科研工作。

研究期间，博士研究生陈瑞遇到了一系列的困惑和挫折，这使得她感到十分焦虑，担心自己无法克服这些困难，并希望尽快取得一些研究成果。于是向导师王磊教授陈述了她在研究桥梁群安全运营风险的多源信息融合评估及防控方面遇到的问题，包括数据获取困难、模型建立复杂和研究结果不稳定等，寻求指导和支持。王磊老师是一位经验丰富的教授，对学术研究和学生的发展有着深入的了解（图 5.3、图 5.4）。他表达了对该研究方向的肯定，但他也指出学术研究的过程中遇到困难和挫折是很正常的现象，鼓励她坦诚地面对自己的问题，并提醒她要有耐心、有恒心。

王磊老师提高声音说道：“学术研究必须以严谨的态度面对，绝不能急于求成。无论遇到的问题需要一个月、两个月还是更长的时间来解决，我们都必须坚持克服。”随后，王老师仔细审视了其研究内容，并语重心长地说：“学术研究是一个长期的探索和成长过程，困难是不可避免的，过程可能会很艰辛，但我们必须要有耐心，脚踏实地地解决问题，因为问题终究会有其解决的办法。”

王磊老师开始引导她整理研究思路和逻辑，帮助她梳理数据获取的途径，并推荐了一些可靠的数据源。他还提醒到要合理利用现有的数据进行分析和推断。对于模型建立的复杂性，鼓励其采取分阶段的方式逐步建立模型，将复杂的问题分解为更小的部分，并逐步克服每个部分的挑战。此外，王老师还建议她与其他专家和研究者进行讨论和合作，以寻求他们的建议和意见，从而提高研究的可靠性和稳定性。

最终，博士研究生被王磊老师的鼓励和信任深深打动，她重新点燃了对研究的热情。她努力克服焦虑，专注于解决问题，与王磊老师一起继续

图 5.3　王磊教授指导学生开展现场实验

图 5.4　王磊教授指导学生工作

推进研究，不断完善数据分析和模型建立。她积极与其他研究者交流和合作，分享自己的想法和研究成果，并从他们的反馈中不断改进和提高。

经过自身努力和王磊老师的指导，博士研究生陈瑞阶段性地完成了她的研究，并将成果发表在土木工程领域的权威期刊《土木工程学报》上。后来，陈瑞在回忆起这段经历时说道，通过这个项目的研究与锻炼，她深刻认识到学术研究是一场持久、严谨的探索之旅，不仅仅是为了解决问题，也是个人的成长之路。她明白了作为研究者，她的研究成果会对该领域的进步产生影响，因此必须保持严谨的态度，确保研究的可靠性和准确性。面对困难和挫折，她学会了坚持并迎难而上，通过与导师和专家的合作逐步解决问题。这个过程让她更加坚定了对学术研究的热爱和追求，决心将其作为一项长期的工作持续下去。

王磊老师经常和学生们分享的一句话是："在学术研究中，困难和焦虑是不可避免的，但是耐心和恒心是战胜困难的关键。"是的呀！导师的指导和支持对学生的学术发展和人生成长至关重要。他们拥有丰富的经验和知识，能够为学生提供宝贵的指导和建议。导师不仅在学术上给予学生指导，还在心理上给予鼓励和支持，帮助他们克服困难和焦虑。导师的鼓励和坚持为学生提供了一个稳定的学术环境，使他们能够更加自信地面对挑战，从而不断提升自身的能力。

三、良师智慧铸佳绩，学子才华夺魁标

王磊教授长期从事桥梁安全运维领域的研究工作，并且取得了一系列成果。他主持国家重点研发计划课题、国家自然科学基金、湖南省创新研究群体基金、湖南省杰出青年基金等纵向项目 20 余项；主持广东番海大桥、湖南三荷机场航站楼、马来西亚森林城市海相区桥梁等国内外重点工程横向项目 20 余项；出版专著 3 部，发表期刊论文 150 余篇。相关科学研究成果得到了国内外多位知名学者的肯定和引用。团队荣获国家

科技进步二等奖、湖南省技术发明一等奖、湖南省科学技术进步一等奖等多项荣誉。

王磊教授经常会推荐并带领研究生们参加“互联网 +”“挑战杯”等创新创业大赛（图 5.5）。有一次学生在混凝土桥梁病害检测方向有一个小小的想法，他将这个想法与王磊老师分享。在简单的交流之后，王磊老师认为他的想法具有一定的创新性和工程实际应用价值，便果断推荐他和其他研究生一起参加“互联网 +”创新创业大赛。参加比赛后，王磊老师带领研究生们逐步将原有的想法扩展，以点带面地把整个思路铺展开，并结合王磊老师多年来相关方面的科研经验，不断扩展原有方法。王磊老师白天与学生一起商讨交流，晚上和团队其他研究生再根据白天的讨论进行总结。通过实地测量、拍摄混凝土桥梁外表面的裂缝图（图 5.6），分别利用所提出的技术和现有技术对该混凝土梁进行裂缝识别，证明相比于现有技术，所提出的技术可以更加清晰地识别出混凝土表面细小的裂缝，这也极大地激发了研究生们的科研热情。研究生们主导形成的《桥梁健康医生——独创的混凝土桥梁隐蔽病害——一体化诊治方案提供商》荣获第十二届“挑战杯”中国大学生创业计划竞赛铜奖。团队发明的“拱脚维修装置及方法”“加固用预应力贝雷梁方法”成功获批美国专利，“粘结退化影响下 PC 构件抗弯承载力计算方法”获批韩国专利。相关技术也获国际日内瓦发明展银奖，团队被长沙市人民政府评为“驻长高校知识产权在长转化优秀创新团队”。

图 5.5　团队研究生参与省级创新创业大赛

图 5.6　团队研究生现场监测、检测

此外，王磊教授广泛开展国内外学术交流与合作，作为学院主要负责人与马来西亚马来亚大学、法国洛林大学建立基于双方优势学科领域共同合作的国际创新人才培养项目，为拔尖人才国际化培养搭建可持续发展的平台。通过合作交流，培养具备扎实理论基础、能解决重大工程关键科技问题、学科交叉融合的土木创新型人才。

展望未来，王磊教授及团队将开展基于数字孪生的桥梁智慧运维技术研究，建立大数据驱动下的桥梁运行态势实时评估方法，形成虚实对应、协同交互的在役桥梁智慧运管平台，为我国在役桥梁安全运营提供技术保障。

四、结语

王磊教授及其团队在桥梁群安全运营风险的多源信息融合评估防控的项目开展期间，不畏艰难，不断尝试和探索，充分利用学科交叉，发挥各自学科优势，群策群力，提出了桥梁数据快速分析和检错方法以及复杂环境下服役桥梁安全运营风险防控方法。这充分展现了王磊教授及团队勇攀高峰、敢为人先的创新精神和集智攻关、团结协作的协同精神。在新时代，我们长理桥梁人将继续利用自己的专业技术，为我国桥梁安全贡献长理力量。

第6章

响应国家战略决策，保障桥梁运维安全——科技创新驱动，智能监测助力桥梁健康管理

在我国广袤的土地上分布着众多桥梁，随着时间的推移，这些桥梁的老化和病害问题日益凸显。如何实现对在役桥梁的精准诊断与有效治理，以确保桥梁的安全运行，成为摆在工程技术人员面前的一项重大课题。长沙理工大学土木工程学院王磊教授领导的团队，长期以来专注于这一课题的研究。面对桥梁安全问题，他们不断进行深入研究，致力于在关键技术领域取得重要突破。团队以严谨的科学态度和创新的精神，通过探索先进的检测、诊断与修复方法，为解决桥梁老化、病害等难题提供了新的视角和切实可行的解决方案。

一、青年立志，桥梁建设作贡献

我国拥有100万余座公路桥梁，其中很大一部分桥梁已经服役较长的年限，面临明显的结构损伤和材料劣化问题，尤其是占据了90%以上比例的混凝土桥梁。由于环境因素、超载、预应力损失和钢筋锈蚀等原因，一些混凝土桥梁在服役期间会出现承载能力下降和刚度不足等问题。根据交通运输部的统计数据，约13%的桥梁存在严重的病害问题（图6.1），安全性能已经严重退化，这对人民的生命财产安全构成了严重威胁。近年来，由于桥梁病害导致的坍塌等事故时有发生。面对日益严峻的桥梁病害形势，确保桥梁的安全服役已经成为相关部门必须高度重视的国家级重大问题。

王磊教授来自东北，在他第一次乘坐火车去南方读大学时，目睹了中华人民共和国成立后在长江上修建的第一座公路、铁路两用大桥——武汉长江大桥。面对这巍然挺立于大江之上的宏伟建筑，他不禁感慨道："真的是'一桥飞架南北，天堑变通途'啊！"那一刻，还是大学生的他对土木工程专业产生了直观而震撼的认识，王磊决定为国家桥梁建设作出自己的贡献。从2002年开始攻读研究生起，王磊便参与到有关桥梁寿命评估、桥梁动态可靠性研究、桥梁损伤机理等一系列科研项目中。在这个过程中，他接触到了许多实际的桥梁损伤案例，深刻了解了桥梁结构的脆弱性与安全隐患。王磊意识到

（a）

（b）

图 6.1　桥梁病害

（a）高墩高塔开裂；（b）钢筋锈蚀、压浆不密实、预应力损失

许多现有的桥梁性能严重劣化，正逐步进入病害爆发期。因此，他开始进入桥梁安全运维的研究领域。博士毕业后，王磊留在长沙理工大学任教，并一直致力于桥梁安全运维方面的科研工作。

为响应国家战略需求，近年来长沙理工大学土木工程学院王磊教授开展了混凝土桥梁病害精细诊治技术及应用的相关科研工作。混凝土桥梁在服役过程中的高墩高塔开裂、结构内部钢筋锈蚀、压浆不密实、预应力损失等隐蔽病害问题日益严重。针对现有病害高精度定位和定量难、多病害影响下的安全性评价精度低、预应力损失处置工序复杂且耐久性难以保障的问题，王磊教授带领团队采用理论分析、数值模拟、室内外试验和现场验证等手段，致力于攻克一系列技术难题，旨在混凝土桥梁隐蔽病害的“诊断→评估→治理”方面取得重大突破和实质性创新，以确保服役混凝土桥梁的安全，避免安全事故的发生。

二、吃苦克难，桥梁检测破瓶颈

在进行结构高空外观病害检测时，传统的人工检测手段需要借助脚手架和专用检测车等辅助设备，这种方式费时费力，容易造成病害遗漏，并且存在较大的安全隐患。王磊教授敏锐意识到基于无人机和人工智能的桥梁智能检测技术正在兴起，于是开始带领团队着手有关智能检测技术项目的研究。然而，研究过程并不顺利。团队面临着各式各样的技术难题和挑战。首先，他们需要解决如何使无人机自主精确定位和飞行的问题，以获取高质量的桥梁图像。其次，他们需要开发算法，使之能够将大量的图像数据进行智能拼接，形成完整、清晰的桥梁外观图像。最重要的是，他们需要训练人工智能模型，使其能够准确识别和分析图像中的病害情况。为了攻克这些难题，王磊教授和团队成员付出了大量的时间和精力。他们查找阅读大量相关文献，在烈日下头戴安全帽长时间地收集数据，与专家学者进行算法架构与改良方法的讨论。虽然他们遇到了许多困难和挫折，但他们始终没有放弃，相信只要坚持不懈，一定能找到解决问题的方法。经过多次尝试和改进，团队终于取得了重要突破。他们开发出远程图像超清算法，使无人机能够在高空精确捕捉桥梁外观图像，并通过大面积智能拼接技术将这些零散的图像拼接完整。同时，他们还利用人工智能技术，训练了一个高度准确的模型，能够自动识别和分析图像中的病害情况。经过反复验证和实际应用，这项智能桥梁检测技术取得了令人瞩目的成果。无人机在高空对桥梁进行远程非接触式智能诊断，大大提高了检测效率，减少了工作人员的风险，并保证了检测结果的准确性和可靠性。这项技术的成功研发和应用受到了社会的广泛关注。媒体称赞这一技术的创新性和实用性，认为它实现了科技智能养护的转型，开创了智能养护、运营管理的新模式。

在进行结构高空外观病害检测研究的同时，王磊教授带领团队着眼于结构隐蔽病害检测。在进行混凝土桥梁隐蔽病害检测的过程中，团队遇到了一个前所未有的难题。这个难题涉及混凝土桥梁内部空洞的高精度超声成像技术。目前的技术无法准确识别桥梁内部的微小空洞，而这些空洞往往是桥梁隐蔽病害的重要指标。王磊教授和他的团队意识到，只有攻克了这个难题，才能实现对桥梁的全面诊断和及时治理。于是，王磊教授和团队成员投入大量的时间和精力进行研究，但始终无法找到一个可行的解决方案。面对挫折和困难，团队的士气开始受到影响。然而，王磊教授从不轻易放弃，他与团队成员进行了多次研讨，鼓励大家保持信心，并启发大家从不同的角度思考问题。在无数次探讨和交流之后，团队成员纷纷提出一些新的想法，但大多数都被证明行不通。然而他们并不轻言放弃，反而更努力地查阅相关文献，给自己多一些启发和思考。功夫不负有心人，就在大家几近绝望之际，一个年轻的研究生偶然间发现了一篇关于声波传播的论文，他认为其中的一种算法或许能够应用于桥梁空洞的检测，他兴奋地与王磊教授分享了这个发现。王磊教授和团队成员立即展开新一轮的试验和研究，通过不断调整和改进算法，他们最终成功地将声波传播算法应用于混凝土桥梁空洞的高精度超声成像中。这项技术突破大大提高了桥梁内部微小空洞的识别精度，并在实际应用中取得了显著的效果。

三、精益求精，桥梁诊断出新章

桥梁高墩、高塔区病害，目前以人工检测为主，需借助脚手架和专用检测车等辅助设备，费时费力，易遗漏缺陷，且安全风险高。王磊教授回忆道，当他还是一名学生时，旧桥检测的现场时常会发生事故，每一次事故都造成了严重的后果。近年来，市场上陆续出现了基于图像视觉的裂缝检测技术，这种技术虽然能够弥补这方面的缺点，但也存在着远距离图像采集清晰度低、病害定位表征困难、需要手动调整拍摄角度而难以精确控制等缺点。而且检测完成后，数据量非常庞大，传统数据处理技术复杂耗时，难以满足高效、高精度图形重构的要求。王磊教授发现以无人机为载体、以人工智能为核心的桥梁智能检测技术正在兴起，于是提出了要发展远程图像超清算法、图像大面积智能拼接技术，研发高空外观病害远程非接触式智能诊断新装备的想法。时不待人，在短短半年之内，王磊教授就与国内多家桥梁检测、监测公司建立了合作关系，开始了试验研发的历程。

科研路上没有轻松事，基于什么技术的算法能够提高精度？使用什么软件能够精确智能拼接大量大面积图像？使用什么设备能够达到远距离高清成像的效果？这些难题摆在眼前，王磊教授没有气馁。在历时一年多经历了无数次算法的改进和调整，拍了数千张图片甚至报废了一台相机之后，王磊教授找到了正确的方向。在最终的应用阶段，王磊教授没有睡过一个安稳觉，更没有好好吃过一餐饭，好在功夫不负有心人，王磊教授带领团队最终成功解决了远距离全局高清成像的技术难题，研发了高墩高塔区外部病害智能检测装备，精度达微米级，突破了隐蔽病害难以全局量化表征的瓶颈，发明了高墩高塔区隐蔽病害精细诊断技术及装备，提出了图像超分辨率算法，建立了基于空洞卷积的混凝土裂缝识别模型，创建了图像拼接矫正和配准技术（图 6.2）。

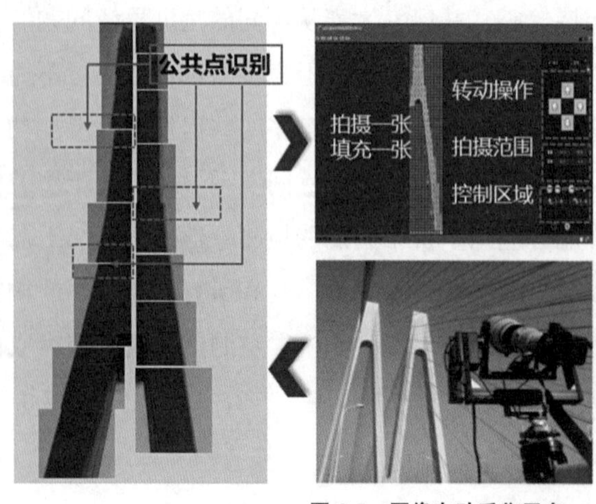

图 6.2　图像自动采集平台

在混凝土桥梁隐蔽病害精细诊断方面，传统方法对预应力管道压浆密实性、预应力损失的检测主要通过间接测试判断，存在损伤敏感较低且不易长时间监测等问题。目前技术无法准确识别桥梁内部的微小空洞，而这些空洞往往是桥梁隐蔽病害的重要指标。这是行业的痛点，需要有解决的方案。王磊教授决心要解决这个困扰桥梁监测行业已久的痛点，因此王磊教授与国内外学者进行广泛的学术交流，积极调研学习混凝土桥梁隐蔽病害识别最新技术。团队成员夜以继日地进行了大量的试验和数据分析，深入研究了预应力筋锈胀开裂智能感知诊断新方法和预应力筋与混凝土界面脱粘感知诊断新技术，王磊教授更是有长达两个月的时间住在实验室，以便及时观察试验结果。

在王磊教授坚持不懈的探索下，最终取得了丰硕的成果，成功发明了基于压电陶瓷的结构内部局部缺陷诊断方法，创新了混凝土内部空洞高精度超声成像技术，成像速度提高 15 倍，而相对误差则在 5% 以内。首次从材料 – 构件 – 结构多尺度视角，揭示了复杂应力环境作用下预应力混凝土桥梁耐久性能退化机理，明确了混凝土开裂、粘结退化、预应力损失等隐蔽病害对桥梁性能的影响。这一成果成功入选了 ESI 热点论文。

四、力挽狂澜，病害危桥还复新

预应力损失是引起预应力混凝土结构耐久性能退化的主要原因，是混凝土桥梁较为突出的隐蔽病害之一（图 6.3）。目前针对混凝土开裂等病害问题的处治基本成熟，而锈

（a）　　（b）　　（c）

（d）　　（e）　　（f）

图 6.3　预应力损失导致的结构耐久性退化

（a）短束张拉预应力损失过大；（b）预应力筋锈蚀断裂；（c）预应力储备不足；（d）箱梁腹板开裂；（e）箱梁底板开裂；（f）梁体下挠

蚀、开裂、施工等因素诱发的局部区域应力不足或预应力损失等隐蔽病害处治仍是行业难题。桥梁结构中存在箱梁短束张拉预应力损失过大、端锚失效、钢绞线锈蚀等多种问题，导致预应力储备达不到设计要求。这些隐蔽病害若未及时诊治，将严重危及桥梁服役安全。混凝土桥梁隐蔽病害诊治技术仍有一些问题亟待解决。

梁体开裂、下挠危及结构安全，如何对桥梁进行预应力维护和补偿，同样是亟待解决的问题。隐蔽危害的诊、评、治是一个紧密联系、相互影响的过程，首先要进行精准的病害诊断才能够进行问题严重性评估，在准确评估问题之后才能找出解决问题的最优解。专家人员必须要有长时间专业知识的积累和丰富的实际案例经验，一旦有一个环节出现错误，就会造成不可逆的损失。

现有预应力调控技术存在精度低、工序复杂，放张技术成本高，难以弥补张拉时锚固回缩引起的预应力损失等问题（图 6.4）。搭接式预应力筋连接装置难以对中连接，危险性高及预应力损失大，难以实现力筋断裂后的连接及二次锚固张拉。基于表面粘贴纤维增强复合材料的修复技术施工难度大，耐久性不足。传统体外预应力索补偿技术施工周期长，受跨度限制，工程造价高，有效预应力不易控制。

在役桥梁结构预应力损失导致耐久性下降是桥梁结构令人头痛和无奈的问题，现有技术难以有效阻止预应力的损失。王磊教授深入工程一线，看过的桥梁结构数以百

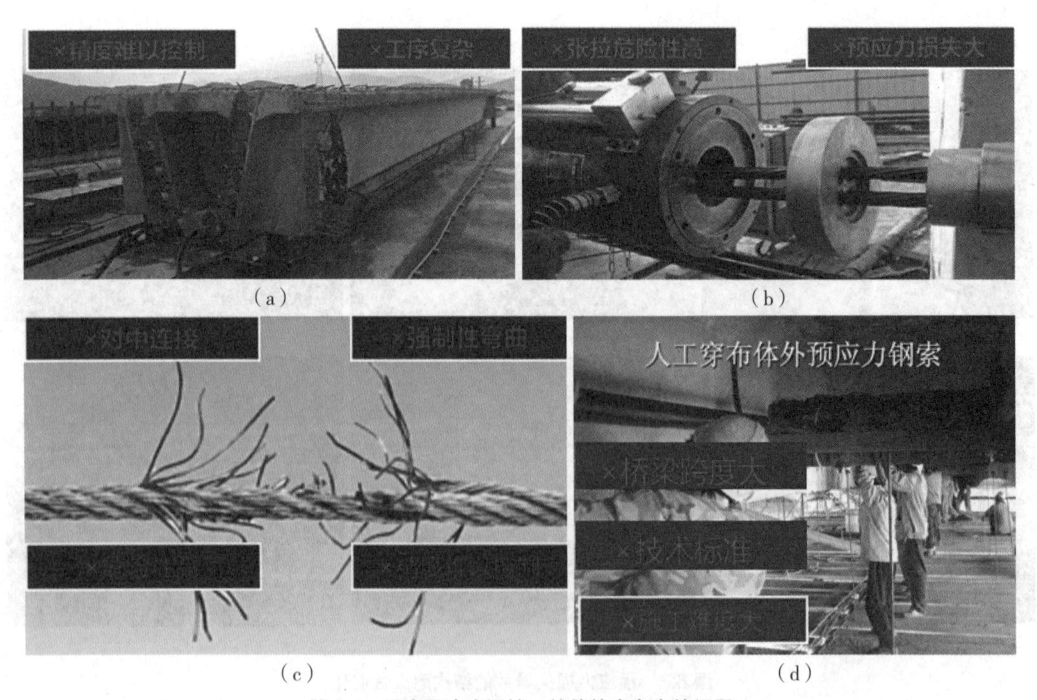

（a）　　（b）

（c）　　（d）

图 6.4　现有预应力调控、补偿技术存在的问题

（a）预应力调控；（b）预应力张拉控制；（c）断筋连接；（d）现有体外预应力索加固技术

计，每当遇到典型的桥梁结构或病害问题，他都会用相机记录下来。王磊教授给桥梁结构拍照时经常忘乎自我，口中不断喃喃道："这个结构设计得十分精妙，简直是巧夺天工，我得拍下来回去好好研究一下。""桥底板已经出现大量的裂缝了，使用寿命已经大打折扣了，得想办法。"王磊教授拍照时不知疲倦，随行的团队成员有时跟不上他的步伐。王磊教授看着桥梁底板出现越来越多的裂纹，跨中部位发生很大的下挠等问题心痛不已，他下定决心要解决这一问题。

王磊教授研究预应力调控、补偿技术的过程充满艰辛和挑战。当时正值暑季，王磊教授坚持在校做预应力调控技术的研究。当时留校的研究生和同事时常看到王磊教授在办公室里挑灯奋战，他专注地研究预应力高精度自由调控技术与预应力筋二次张拉、放张技术。他以忘乎自我的专注态度投入每次试验中，期望这项技术彻底改变传统预应力施工的方式，提高工程质量，延长桥梁结构服役寿命。

在试验过程中，王磊教授及其团队遇到了多次瓶颈和困难，但都被他们一一克服。团队设计的预应力高精度自由调控装置，经过了多次图纸调整和反复试验。王磊教授很"挑剔"，对于制作零件的厂家要求很高，严格把控制作误差在毫米级内。为了挑选出心仪的厂家，电话经常接打不停。王磊教授深知试验中的许多细节都需要精确控制，即使是微小的误差也可能导致失败，因此对于试验装置的尺寸要求也是如此精细。

预应力筋断裂连接与张拉技术又是一项开创性的技术，"高强度的预应力筋断裂后能被重新连接起来，张拉性能还能得到恢复，这想法很大胆。"同行人员称赞道。王磊教授不断调整试验方案，追求更高的精度和可靠性。为了验证预应力筋的重新连接技术，王磊教授带领团队进行了大量的试验。团队成员夜以继日地工作，不断分析试验数据、修改方案，甚至放弃了休息和娱乐。工作室变成了团队成员们孜孜不倦的创新舞台，充满了无数试验数据、图纸和各种试验设备。

王磊教授历经 12 年时间交上了一份优异答卷，背后的艰辛和不易只有他自己和团队知道。王磊教授带领他的团队采用理论分析、数值模拟、室内外试验、现场验证等手段，在混凝土桥梁隐蔽病害"诊 - 评 - 治"方面取得重大突破和实质性创新，为保障服役混凝土桥梁安全作出了重要贡献。王磊教授发明了预应力调控补偿的混凝土桥梁隐蔽病害处治技术；研发了高精度自由调控的预应力筋锚具、二次张拉及放张装置、预应力筋断后连接装置等系列预应力水平调控技术，可减小 60% 的预应力锚固回缩损失；发明了预应力装配式桁架等局部区域应力补偿技术，实现了预应力可装配、补偿过程结构可自由变形，解决了局部区域预应力损失和开裂等隐蔽病害的处治难题；发展了超长体外预应力索、箱梁腹板加厚与预应力组合的性能提升技术。实际应用表明，相关技术可节约 30% 的人力和机具成本，实现了预应力可控、可调、可补偿。

五、结语

王磊教授及其团队在桥梁安全运维领域倾注了无数的心血。他们以严谨的工作态度和勤奋的工作精神，专心致力于相关研究。在追求卓越的信念和不断创新的精神驱动下，不断超越学科界限，提出了一系列重要的理论和方法。这些研究成果在公路工程规划、设计和管理方面发挥着引领和推动的作用，为解决实际问题提供了可行的方案。王磊教授带领团队获得中国公路学会科学技术奖一等奖，这不仅是对他们系列成就的认可，也是对长理桥梁人的鼓励和鞭策。他们的严谨求实态度和坚韧奋斗精神，为青年土木学者树立了榜样。他们的奋斗精神及其取得的成果告诉我们，唯有不断学习、实践和追求卓越，才能在自己的领域中获得成功；唯有坚持不懈地努力，才能推动土木工程建设和管理水平不断提升，为祖国的建设和发展贡献智慧和力量。

第2篇

斜拉桥架彩虹里，要塞歌飞玉冠头

本篇主要讲述长沙理工大学土木工程学院多位教授及其研究生团队在斜拉桥施工监控代表性工程案例中攻坚克难、披荆斩棘的事迹。颜东煌、李传习、刘扬、陈常松等多位教授团队既仰望星空也脚踏实地，把科研成果和智慧汗水奉献在祖国大地多座特大斜拉桥建设中，创新了多项斜拉桥施工及其控制技术，解决了多座斜拉桥建设过程中的复杂技术问题，实现了斜拉桥跨径和施工技术多项世界纪录的突破，为社会经济发展作出了贡献。他们的长期努力和奉献，既培养了一批又一批硕士和博士研究生，又为长沙理工大学桥梁工程学科赢得了很高的社会声誉和影响力，打造了大跨度桥梁施工监控的“长理名片”，获得了多项国家及省部级科技进步奖。

第7章

北江三区成坦道，丹霞渥土色辉红
——韶州大桥建设中的长理力量

韶州大桥位于广东省韶关市，是韶州大道建设项目的重点控制工程，全长1027m，桥面宽度44.5m，塔高109.5m，主桥跨越北江航道，2021年2月10日正式通车。韶州大桥具有桩深、塔高、梁重、跨大的特点，工艺复杂，线形多变，综合技术难度处于广东内河第一。韶州大桥外观新颖、漂亮，弧形主塔形成气势恢宏、刚柔相济的“向上之拱”，大桥横跨在北江航道上，与张九龄纪念公园遥遥相望，成为韶城一道新的亮丽风景线。在韶州大桥的建设过程中，涌现了许多出色的工程师和技术人员，他们不仅秉持着高度认真负责的工作态度，还具有高超的专业技术水平。其中，长沙理工大学易壮鹏、曾有艺老师和他们的学生在大桥施工精确控制过程中克服多重困难，在斜拉索张拉新工艺实施过程中进行创新，为大桥建设贡献了自己的力量。

一、广东韶关韶州大桥简介

韶州大桥是韶州大道建设项目的重点控制工程（图7.1）。韶州大桥是一座跨径组合为33m+102m+183m=318m的独塔双索面钢－混凝土混合梁斜拉桥（图7.2），设计速度60km/h，位于城市主干路，汽车荷载等级为城市–A级，通航等级为内河Ⅲ级。为减少水中桥墩和桩基础的数量，韶州大桥主塔设置在北江靠近北岸河堤一侧，边跨设置辅助

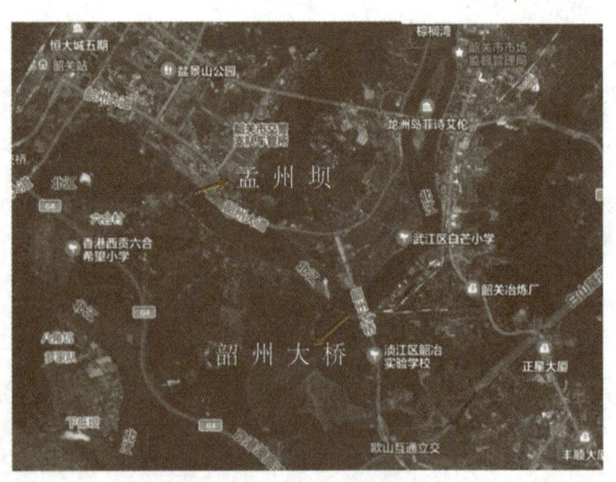

图7.1 地理位置图

墩，与主跨衔接的引桥有两个桥墩和基础位于北江河道内，累计共有5个桥墩和基础位于北江河道内。斜拉桥采用独塔双索面结构，主塔造型为拱塔型，主梁为混合式箱形梁，其中主跨、次边跨采用钢箱梁，边跨采用预应力混凝土箱梁，钢－混凝土结合点设

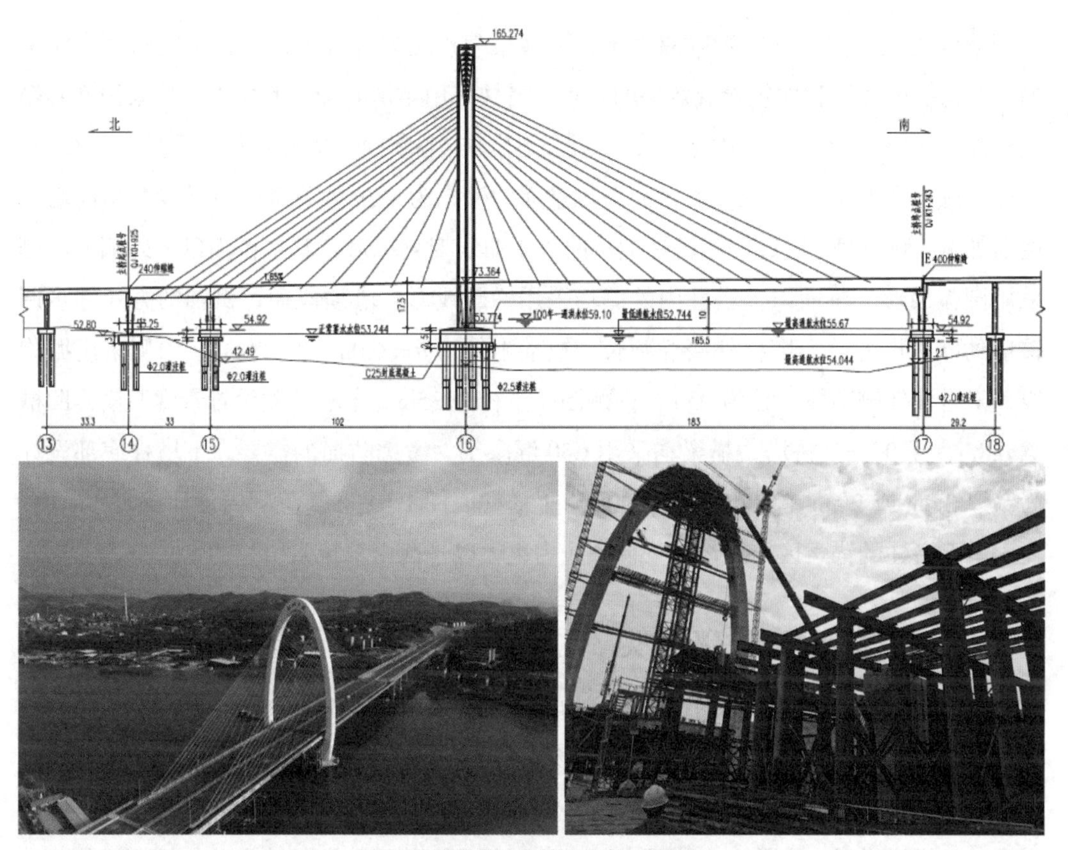

图 7.2　桥梁桥跨布置图及施工现场图

在边跨离主塔 84.6m 处。

主桥为独塔双索面斜拉桥，斜拉索在混凝土箱梁上锚固在对应于箱梁横隔板处斜底板下缘，共 7 对斜拉索，斜拉索在混凝土梁上的顺桥向间距为 6m；斜拉索在钢箱梁上锚固于钢箱梁边腹板的锚箱上，主塔北侧共 6 对，南侧共 13 对，斜拉索在钢箱梁上的顺桥向间距为 12m，塔上竖向间距为 2.0m。斜拉索长度最长约为 178m，采用 250 型高强度环氧涂层钢绞线斜拉索，标准强度 f_{pk}=1860MPa，采用 91-ϕ^s15.2、73-ϕ^s15.2、55-ϕ^s15.2 和 43-ϕ^s15.2 四种规格。

大桥索塔采用拱形桥塔，塔高 109.5m，桥面以上高 92m，塔上索距 2.0m（图 7.3）。塔柱

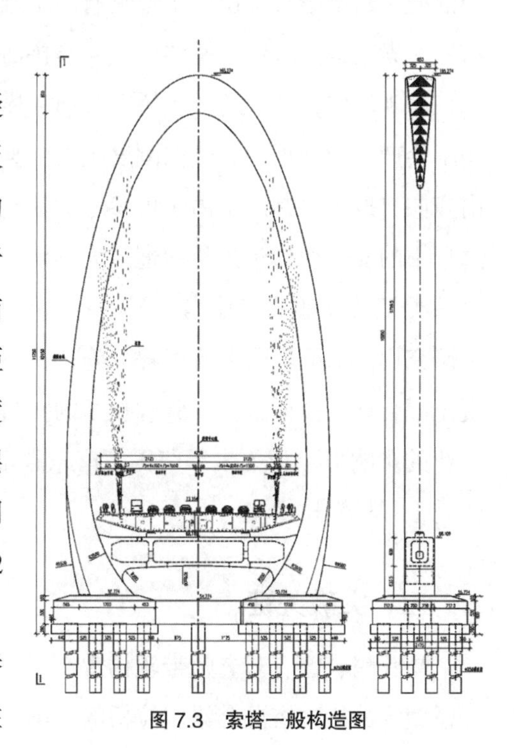

图 7.3　索塔一般构造图

为钢筋混凝土构件，采用 C50 混凝土；下横梁为预应力混凝土构件；塔柱断面形状考虑了结构抗风性能和建筑景观效果的要求。塔柱采用矩形断面，其中上塔柱采用空心箱形截面，下塔柱为增加防撞能力采用壁厚较厚的空心断面。塔柱顺桥向采用直线线形，上塔柱顺桥向宽度为 6.5m，顺桥向即拉索面的壁厚为 1.2m，下塔柱自横梁开始向塔底逐渐加宽，塔底宽度 12.0m。塔柱横桥向采用曲线变化线形，其中桥面以下外侧、内侧采用圆弧线形，桥面以上塔柱内外侧均采用椭圆线形，塔顶段通过倒圆的方式逐步调整塔的断面尺寸。上塔柱外侧椭圆长、短轴半径为 a=86.0m、b=28.6m，内侧采用抛物线，下塔柱外侧圆弧半径为 95m，内侧圆弧半径为 35m。主塔外侧设置景观凹槽，凹槽宽 0.8m，深 0.2m。桥塔、横梁均采用 C50 混凝土。考虑防撞的需要，下塔柱底部设计为壁厚 2.0m 或 2.5m 单箱单室箱形截面。下塔柱底部 1.195m 高范围内设计成实心断面。在索塔上塔柱的锚索区布置体内环向预应力束，以平衡由斜拉索引起的水平分力。

二、攻克异型独塔屡次获奖

韶州大桥是一座大跨径钢箱 - 预应力混凝土混合梁拱形独塔斜拉桥，具有桩深、塔高、梁重、跨大的特点，工艺复杂，线形多变，综合技术难度处于广东内河桥梁第一。其中 44.5m 钢箱梁和混凝土箱梁属于超宽截面，109.5m 高的拱形主塔在国内外尚属首次设计，拱形主塔高空施工和变形监控、352t 超宽钢箱梁节段整体吊装、钢箱梁与预应力混凝土箱梁结合部位施工都具有施工难度大、施工风险高的特点。本桥采用拱形索塔布置，索梁锚固区位于桥梁内侧，与桥面处塔柱基本不在同一竖直面上，有利于减少桥宽，景观较佳，结构新颖。桥梁竖向、横向必须有足够的刚度，在车辆通过时，桥梁结构不会产生激烈振动。竖向刚度主要由竖向挠跨比及竖向梁端转角判定，横向刚度主要由横向自振频率判定。由于可参考的其他同类型桥梁甚少，为了确保结构在施工和运营过程中的安全性，包括长沙理工大学研究团队在内的科研人员对该桥型的结构体系、主梁的类型及其他关键技术开展了专题研究，涉及施工、监测和验收技术，其中 BIM 技术研究用以辅助韶州大桥工程的施工，填补国内对大跨度拱形独塔超宽钢箱 - 预应力混凝土混合梁斜拉桥施工、验收技术的空白，提高建设大跨度斜拉桥的施工技术水平和在行业的影响力。相关成果获得了广东省市政行业协会科学技术奖励（图 7.4）和陕西省建设工程科学技术奖。

三、突破关键

易壮鹏、曾有艺老师带领杨智文、来晓理、黄飞鸿等学生结合韶州大桥的空间有限元模型，分析独塔混合梁斜拉桥的主梁、主塔及一些结合部位区域在不同荷载工况下的

图 7.4　施工控制团队所获科技奖励

受力状态，总结出韶州大桥的静力性能。依托工程针对混凝土箱梁、钢 – 混结合段进行了精细建模，研究了结构构件受力与设计参数的内在联系和规律，为进一步优化设计提供依据。该项具体研究内容包括：基于依托工程——韶州大桥的整体杆系有限元分析 Midas 模型，对施工阶段及成桥运营过程中结构受力进行计算（图 7.5）；基于整体模型的力与位移边界条件，采用有限元软件 ANSYS 建立混凝土箱梁节段三维实体有限元模型，分析钢箱梁压重区段结构局部应力；采用有限元软件 ANSYS 建立大桥钢 – 混结合段三维实体有限元模型，分析施工 / 运营过程中钢 – 混结合段的局部应力。

在施工监控模型建立过程中，黄飞鸿等同学遇到了很多难题，一方面是有限元软件 Midas Civil 使用不熟练，另一方面是该大桥桥塔部分为弧形，建模难度较高，前期的工作进展并不顺利。易壮鹏老师了解情况后，利用休息时间从学校赶往现场，耐心指导建模上的问题，同时也给学生保留独立琢磨并消化知识的空间。其中包括截面参数的确定、边界模拟、挂篮荷载的等效、顶推力的确定等问题（图 7.6）。最终经过连续五天不懈的努力，问题终于解决，模型也基本建立完成，可以进一步开展模拟计算。通过这次易老师指导的“集训”，黄飞鸿等同学的 Midas Civil 使用水平有了很大提升，同时也提高了独立解决问题的能力。

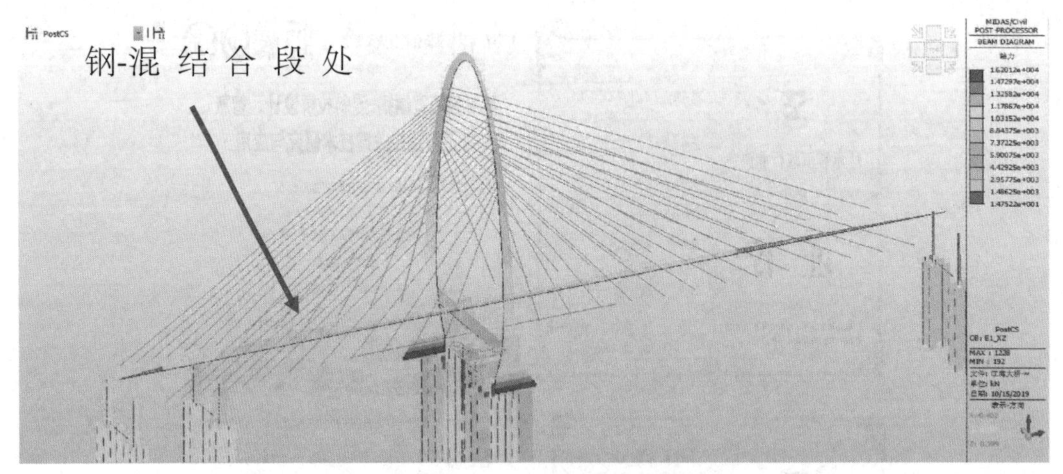

图 7.5　成桥及施工 Midas Civil 全过程模拟、结构动力特性分析

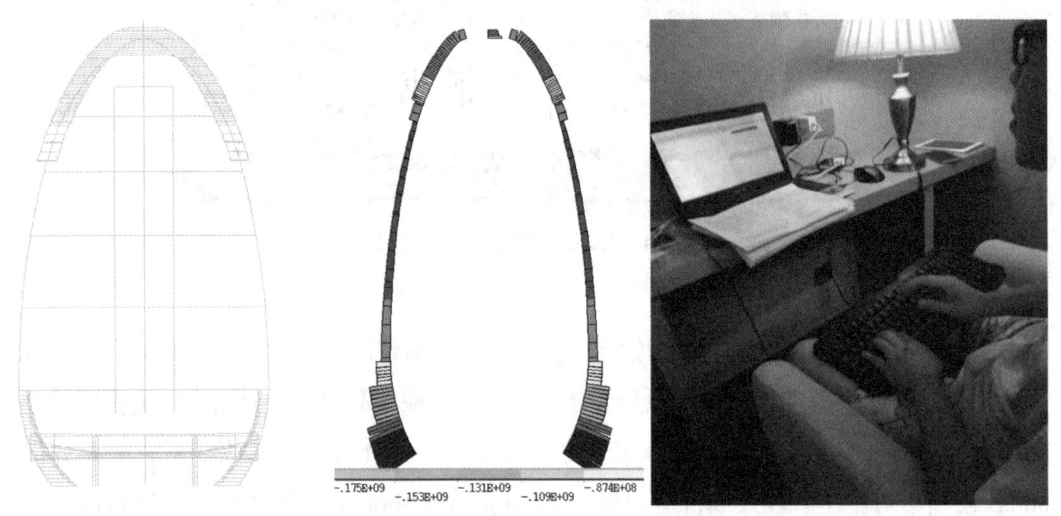

图 7.6　拱形空间主塔施工过程模拟、塔梁同步施工工艺优化及现场“集训”

四、勇克难关

易壮鹏、曾有艺老师带领团队研究了拱形独塔施工全过程的内力、应力和变形等，并进行相关的工序优化和参数分析，包含以下研究：建立大桥施工全过程模型，重点关注关键阶段（预应力张拉后、安装以及拆除横撑后）的内力和应力，通过分析各个施工阶段的最大拉应力和最大压应力，找到施工过程中主塔混凝土容易开裂的位置以及需要重点关注的施工阶段；以分批张拉下横梁预应力筋、改变横梁位置、安装横梁时施加预顶力三种方法进行参数分析，实现主塔施工流程的优化设计；为进一步优化工期，对四种塔梁同步施工方案和原模型关键施工阶段以及成桥阶段的变形和应力的计算结果进行了理论分析，对采用四种塔梁同步施工方案的模型与原模型受力性能进行对比；对塔梁同步施工阶段温度变化、静风荷载、不平衡施工荷载以及索力误差等对结构受力性能的影响进行研究，对不同施工方案对应运营状态的受力状态进行精确分析（图 7.7）。

图 7.7　拱形空间主塔基于预应力张拉时机管控与临时横撑设置的施工工艺优化技术

在开展研究的过程中，黄飞鸿同学的体会十分深刻。研一暑假结束后他来到韶州大桥现场，心情挺激动但更多是忐忑，因为知道此次的任务是埋设桥塔特定截面位置的应变计，这对从小恐高的他来说确实难度很大，站在几十米的高处往下看，腿是抖的，手像通电一样是麻的。所以他特别感谢当时接应的来晓理和杨智文两位师兄，他们在了解黄飞鸿同学的情况后特别照顾他。在前期埋设应变计任务过程中，有难度的埋设位置两位师兄都让他原地等候，只要在师兄有需要的时候递上工具就行。师兄们的贴心举动让他有了一段逐步适应的缓冲时间，慢慢地他开始能接受这个高度，并在桥塔上顺利工作起来（图 7.8）。在师兄们身上除了能学到很多专业的知识，更能感受到互帮互助的团队精神以及当代年轻人的担当精神。在黄飞鸿成了师兄之后，他也将这种精神接力到了师弟这边。

在韶州大桥主梁架设过程中，李湘龙等同学认真负责，在每一块梁吊装前都会在固定点位对桥梁进行实时状态测量，并在吊装后仔细复核、对比设计数据（图 7.8）。在遇到问题时他们会互帮互助，向博士师兄请教，努力克服困难。在此过程中他们逐渐对平面杆系程序 BDCMS 的操作更加熟练。

结构应变是反映结构是否处于安全状态最直观的指标，因此，在索塔及主梁的重点部位设置应变监测断面，测试结构的应力状态。在韶州大桥主梁上共布置 12 个应变测试截面，其中混凝土梁上有 2 个，钢箱梁上有 10 个，每个钢箱梁截面上布置 16 个应变测点，每个混凝土箱梁截面上布置 12 个应变测点。在每一次主梁吊装或混凝土浇筑前，李湘龙等同学都会及时将应变计焊接、绑扎好，以便能第一时间知晓主梁的应变变化。在此过程中易壮鹏老师曾给出多次建议，如在混凝土梁上布置应变计的时候

图 7.8　黄飞鸿、李湘龙等同学在主塔（高空）、主梁混凝土结构埋设测试元件与采集数据

尤其要注意好线的走向，不然浇筑完成后线容易断裂等，向他们传授了宝贵的经验。图 7.9 为拱形空间主塔封顶照片。

图 7.9　拱形空间主塔封顶及施工控制团队师生共同征服塔顶照片

五、技术创新

易壮鹏、曾有艺老师团队在技术创新方面开展了如下工作：用平面杆系程序 BDCMS 对拱形独塔混合梁斜拉桥施工全过程进行受力分析，明确各个工况下的恒载、活载内力及包络图，在此基础上说明该类斜拉桥施工监控方面关于几何、物理测量的基本要求和误差的调整措施；通过不同索力计算方法得出四种索力方案，经过有限元理论分析，对比这四种方案在成桥状态阶段以及典型施工阶段中主梁和主塔的内力以及线形结果，筛选出最适合该独塔斜拉桥的索力计算方案后，通过改变部分恒载加载顺序，达到更佳的合理成桥状态。李湘龙等同学在每一对索张拉完成后都会及时测量。这种张拉一般都在夜晚进行，但他们并没有抱怨，每一次都认真仔细地测量数据（图 7.10~ 图 7.12）；合龙施工

图 7.10　施工控制团队负责人介绍钢绞线斜拉索分批张拉技术

时，以结构内力和线形为标准，分析了斜拉索索力、临时施工荷载以及温度三种参数的变化在主边跨两次合龙过程中对其影响程度大小，通过李湘龙等同学在合龙前 24~48h 有规律地监控测量各种参数数据，观察合龙口的各项变化指标（图 7.13）。在夜晚时即使戴上安全带，在有限的工作空间中仍然还是较难操作仪器设备，但是他们还是顽强坚持了下来，完成了对合龙口温度以及宽度的监测，通过总结合龙口宽度变化规律选定了最佳合龙时机，并计算得出合理的合龙段配切长度；结合混合梁斜拉桥的主梁悬臂施工工艺提出主梁标准梁段的五种施工工序，对每个梁段循环施工过程进行仿真验算，分析斜拉桥各构件的结构响应，经综合考虑选择最优施工工序，验证了最优施工工序不仅能使该桥施工阶段及成桥阶段的受力及线形更为合理，还能大幅节省工期。

图 7.11　钢绞线斜拉索分批张拉技术研究过程中施工控制团队现场测试及挑灯夜战

图 7.12　施工控制团队师生现场讨论解决斜拉索分批张拉优化技术相关难题

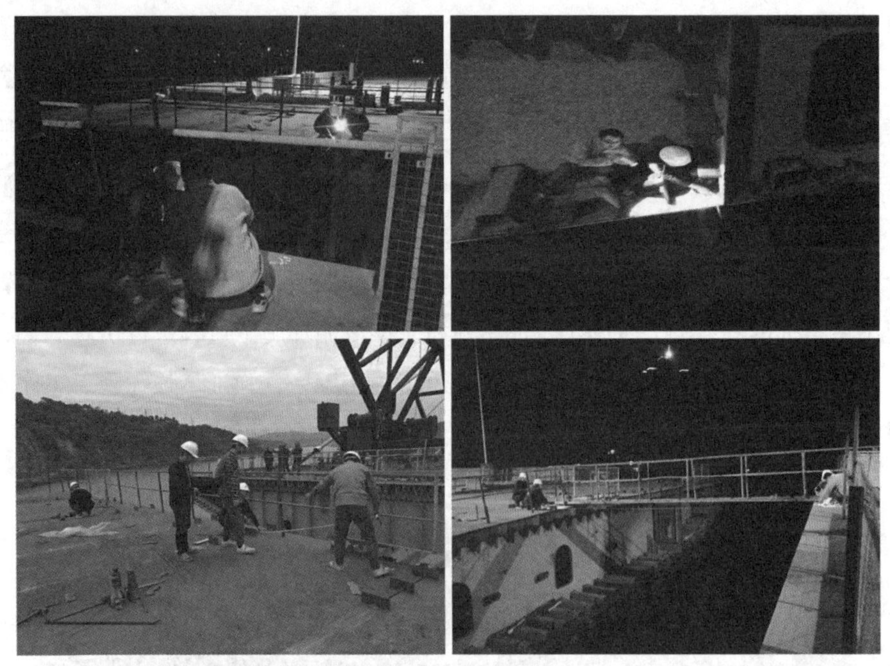

图 7.13　钢绞线斜拉索分批张拉技术关键阶段——钢箱梁合龙口 24h 现场观测

六、结语

长沙理工大学易壮鹏、曾有艺老师带领的施工控制团队在兄弟单位的大力协助下，凭借着众人的合作与拼搏，最终取得了成功，体现了建设者不怕困难、刻苦钻研、勇于创新的奋斗精神（图 7.14）。

图 7.14　钢箱梁合龙工序施工控制团队工作照片与现场合影

第8章

古来赤壁天堑，今人聚以通途——赤壁长江公路大桥建设中的长理力量

赤壁长江公路大桥是《国家公路网规划（2013年~2030年）》国道G351台州至小金公路跨越长江的控制性工程，过江主桥为世界最大跨度钢－混组合梁斜拉桥，其建设难度巨大，是体现我国桥梁工程技术水平的一个代表作。在这座桥梁的建设过程中，涌现了许多出色的工程师和技术人员，他们不仅具有超高的专业技术水平，还秉持高度认真负责的工作态度，为赤壁长江公路大桥的顺利建成奉献自己。在参建人员中有一群这样的人值得一提，那就是陈常松教授和他的学生们，他们在桥梁建设过程中扮演着不可或缺的角色，在扎根工地的4年里，他们殚精竭虑、贡献突出。

一、世界最大跨度组合梁斜拉桥

赤壁长江公路大桥桥跨布置为90m+240m+720m+240m+90m的双塔对称钢－混组合梁斜拉桥，其720m的主跨在世界范围组合梁斜拉桥中排名第一（图8.1）。全桥组合梁钢主梁均采用双边箱截面形式。斜拉索采用扇形布置，中跨梁上索间距为12m，边跨梁上索间距为8m，局部加密。桥面全宽36.5m；按六车道布置。桥面最大纵坡为2%，最小纵坡为0.5%，桥面横坡为2%。斜拉索采用扇形布置，全桥共58对斜拉索，共计232根。

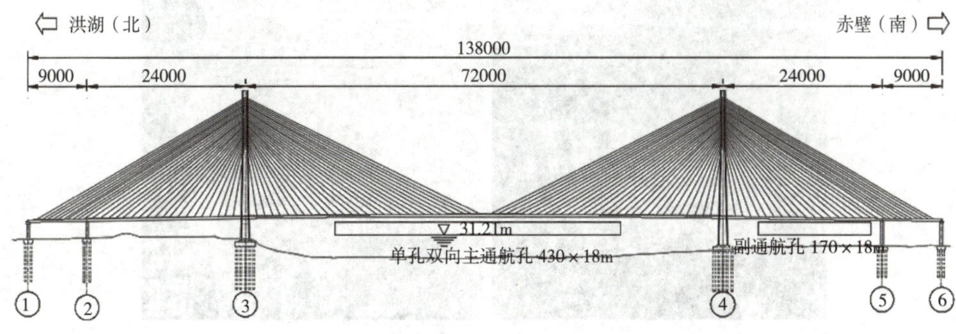

图8.1　桥型立面布置（单位：cm）

二、争做桥梁强国的先进技术担当

在赤壁长江公路大桥的建设中（图8.2），陈常松教授是施工监控项目的现场负责人，也是斜拉桥建造技术的传授者。陈老师不辞劳苦，不仅积极投身于本项目的施工监控工作之中，还毫无保留地把自己几十年的工程经验与技术知识传授给学生们，为国家桥梁技术领域培养了许多优秀的技术人才。

图 8.2　建设过程中的赤壁长江公路大桥

在赤壁长江公路大桥监控工作中，涌现了一大批优秀的学生。他们是来自长沙理工大学的研究生，时刻谨记陈常松教授的教诲，怀着一丝不苟的态度，在施工现场发光发热。他们的工作包括建立有限元计算模型、编写监控实施细则、制作与发送监控指令表、预制构件验收、施工现场测量与分析等。由于赤壁长江公路大桥施工过程极为复杂，需要主梁过临时墩、主梁过辅助墩、边跨合龙、体系转换和中跨合龙等多个特殊施工阶段，施工监控工作的内容十分繁重。为了确保桥梁施工安全，针对超大跨度斜拉桥施工的复杂性，陈老师团队采用了自创的斜拉桥施工控制理论与方法——自适应无应力构形控制法。在计算过程中，建立了计入几何非线性效应、施工控制参数求解的正装迭代法，根据施工参数误差提出了斜拉桥的自适应控制过程，并在实际桥梁施工过程中采用，从该桥的实施情况来看，这种方法取得了巨大的成功。

在施工监控计算过程中，佘勤聪、黄莨等学生遇到了许多难题，例如组合梁在平面有限元程序的模拟、斜拉索各次张拉力的确定、主梁过临时墩和辅助墩的工况设置、中跨合龙的温度敏感性分析等。陈老师在这些问题上都倾囊相授，特意开展了相关专题的教学培训，引导学生们根据实际情况快速正确地解决工程问题（图 8.3）。

图 8.3　陈常松教授在工地教学

陈常松教授及其学生为了确保桥梁施工过程中的结构安全、成桥后几何线形和内力同时满足设计要求，同时减少施工控制对施工进度的影响，提高施工质量和简化施工控制难度，从大桥主梁的吊装、定位到斜拉索的挂设、张拉、合龙段的施工均采用了自适应无应力构形控制法的思想。整个施工过程所具有的流畅性、连续性不仅大大降低了现场施工的复杂程度，更是大幅度地节省了建设成本，保证了大桥建设进度。

精细化施工监控是陈常松教授团队多年来一直坚持的理念，对于该桥的施工监控工作，他们认为要做就要尽全力做好。在桥梁施工阶段，只要与桥梁结构安全相关、与结构内力线形误差产生和调整相关的施工方案和工艺，陈老师都会密切关注并给出相应的建议。对于有可能给结构安全、内力或线形造成重大影响或偏差的施工方案，在相关会议上进行充分讨论并说明其不妥之处，争取在施工单位理解的基础上对施工方案进行修正和优化。这是一种对工程负责、认真踏实的作风和态度，也是施工监控向精细化方向发展的一种具体体现。否则就是一种粗放式的施工控制，就有可能隐藏各种风险。

在桥梁施工监控工作中，陈常松教师与学生们充分利用临时墩的作用（原来仅作为大悬臂主梁抗风用），让临时墩既能起到抗风作用，又能抵抗不平衡荷载，从而能够取消中跨随施工节段前行而移动的临时配重（图 8.4）。这一优化方案能够达到施工监控的要求，同时又极大地减轻了施工单位的操作复杂性和难度。在主梁特殊阶段施工过程中，陈老师和学生们根据精细化的计算分析结果建议施工单位采用利用架梁吊机悬拼边跨主梁的方案，从而否定了在辅助墩区域、边墩区域搭设支架平台的施工方案与辅助墩与边墩之间搭设满堂支架拼接钢梁的施工方案，极大地减小了施工单位的工作量和施工复杂性（图 8.5）。他们还对临时墩的顶升与降落工序、辅助墩和边墩支座的安装流程提出了指导性的建议。

为了能够更准确地模拟组合梁的受力，陈常松教授开发了一种新型的组合梁有限元模型——虚拟双层梁单元模型。研究过程包括：力学模型的构思、相关计算表达

图 8.4　赤壁长江公路大桥临时墩顶主梁施工

图 8.5　赤壁长江公路大桥辅助墩顶主梁施工

式的推导、有限元程序的设计、程序编写、编写过程中的难点解决等。整个过程非常复杂，需要花费大量的时间，这对陈老师身心上的考验也是巨大的。但最终该研究还是成功了，新型组合梁双层模型能模拟桥面板与钢梁组合后的连续组合界面的受力与变形，同时能模拟组合梁中钢梁提前架设和桥面板滞后现浇的两阶段施工过程，并且能较准确地模拟因桥面板的收缩和徐变对组合梁钢－混截面产生的内力重分配效应（图 8.6）。这是一次具有实用价值的技术创新。

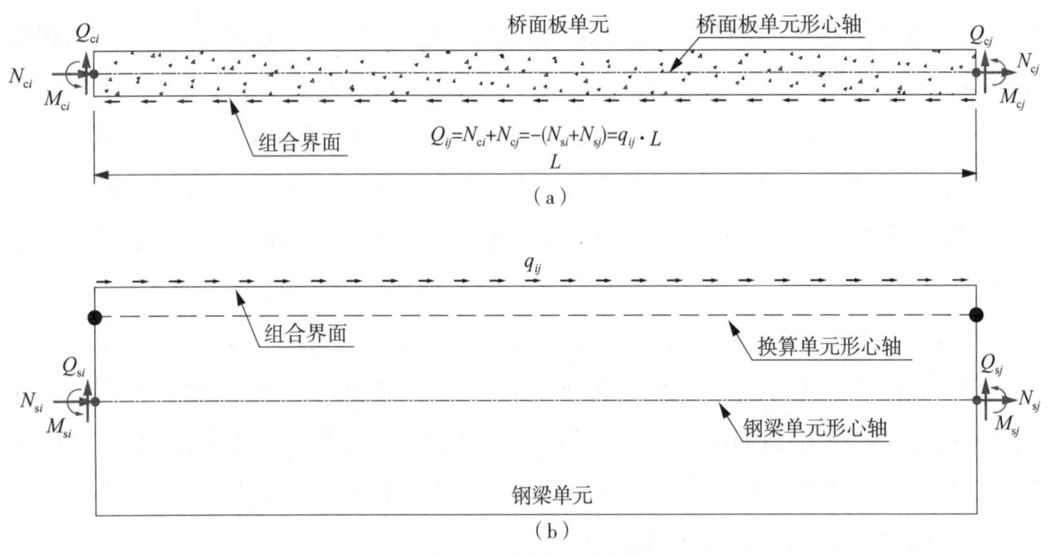

图 8.6　双层梁单元受力平衡图

（a）桥面板；（b）钢梁

在陈常松教授的悉心指导下，学生们对斜拉桥施工控制的专业知识的理解和实桥经验的积累又上了好几个台阶，同时养成了负责严谨的工作态度和团结合作的工作精神。陈老师要求学生们了解现场施工实际情况，从而更有利于掌控工程进度，能够更及时地发现问题和解决问题。陈老师还时常教导学生："工地上到处都有值得学习的技术知识，有不懂的地方，大家要虚心向领导人员和技术人员请教，甚至工人在某些实操问题上可能比我们的见解更深。"陈常松教授与学生们在施工现场与工程师、技术人员和工人进行过多次的交流，在此过程中学生们学到了很多，从而又深化了自身的专业水平（图 8.7、图 8.8）。

经过陈常松教授团队在施工过程中的精细化控制，赤壁长江公路大桥在 2021 年 3 月 16 日成功合龙，学生们也兴奋地在现场合照留念（图 8.9）。陈常松教授团队为赤壁长江公路大桥的成功修建提供了可靠的应用技术支持，成功实现组合梁斜拉桥 720m 跨度在全世界范围内的首次突破！此外，陈教授团队在赤壁长江公路大桥施工监控工作过

图 8.7　陈常松教授等参加工地会议

图 8.8　19 级硕士吴俊杰、戴明禹与工程师、工人进行交流学习

图 8.9　16 级博士凌李华（右一）和 20 级博士黄莨（左一）在大桥中跨合龙现场

程中总结的研究成果“超大跨径斜拉桥施工全过程受力调控理论及其应用技术研究”获得了 2022 年中国公路学会科技进步一等奖。

三、练就鞠躬尽瘁的土木人精神

赤壁长江公路大桥施工地点位于湖北省赤壁市赤壁镇和洪湖市乌林镇的长江之上，陈常松教授与他的学生们平日就驻扎长江边上，与施工单位的同事们同吃同住，并且经常深夜在现场进行指导与交流（图 8.10）。工地上的生活条件差，每天“面朝钢材背朝混凝土”，但陈常松教授和他的学生们没有过一丝抱怨，始终保持积极乐观的工作精神。无论天气多么恶劣，他们都会坚持完成各个阶段的现场监控工作（图 8.11、图 8.12）。

图 8.10　陈常松老师多次深夜在现场指导与交流

图 8.11　20 级博士佘勤聪测试应变数据（左一），16 级博士凌李华安装钢梁应变计（右一）

图 8.12　20 级博士佘勤聪凌晨在现场（左一），20 级博士黄茛雨天在现场吃盒饭（右一）

哪个工程人不是踏遍千山万水？工程在哪家就在哪，每个工地干上两三年是极为普遍的，有的甚至四五年。工程期间回家的次数屈指而数，为了工程建设无数人从青涩的少年变成能独当一面的现场负责人，祖国的大江南北处处留下我们工程人的足迹。

在赤壁长江公路大桥的施工监控项目中，陈老师团队的学生们将艰苦奋斗、吃苦耐劳的工作精神和认真谨慎、刚正不阿的工作态度展现得淋漓尽致。

2020 年的夏天，连降大雨，赤壁侧项目部位于长江防洪大堤之内，因此不可避免地被洪水侵袭了（图 8.13）。赤壁侧的同学们在撤离过程中，积极配合并帮助施工单位的同事们做好生活用品发放等工作。在灾害期间，他们充分发扬了党员（当时驻扎在赤壁侧的 5 位学生都是党员）的积极作用。

图 8.13　洪水几乎把项目部淹没

在桥梁监控团队中还有一位女学生，她也驻扎在项目部，她是 18 级硕士戴颖。不像工地上一般的女员工都是只参与内业工作，戴颖执意要内外兼修。在男生上现场进行测量验收时，她无畏烈日炎热、大风大雨、冰冻寒冷，拎着仪器就往前冲！戴颖说：“我在工地上就没把自己当女生！”这样的“工地女神”是值得我们称赞的（图 8.14）。

图 8.14　18 级硕士戴颖（女，左一）和石洋（右一）正在测试索力

由于施工进度的安排，赤壁长江公路大桥在 2021 年春节期间并没有停工放假，学生黄莨、佘勤聪等人毅然决然地选择留守工地，度过了身在他乡的第一个春节。除夕当天下午 4 点，黄莨、佘勤聪还和施工单位测量队一起在现场工作。当天黄莨

还在社交平台账号上发了视频并配文“大家安心吃年夜饭，祖国发展的脚步不会变慢”（图 8.15）。

（a）　（b）

图 8.15　2021 年除夕拍摄
（a）现场合龙口；（b）年夜饭

四、结语

陈常松教授和他的学生们的工地故事是精彩的，无时无刻不体现土木人的坚韧。无论在多么艰苦的环境下，陈常松教授团队始终保持坚定信念，展示了祖国新时代工程人的优良作风。

赤壁长江公路大桥的建设并不能仅仅归功于几个工程师和技术人员，而是凭借着众多人的通力合作与拼搏，才能取得最终的成功。陈常松教授团队艰苦卓绝的奋斗，是中国桥梁人的缩影，为中国走向桥梁强国贡献了长理智慧。作为新时代的见证者，赤壁长江公路大桥不仅代表了人类文明和科技的发展进步，更诠释了祖国真正的发展壮大。

第 9 章

长江之上唤飞龙，众人合力启新篇
——荆州长江大桥建设中的长理力量

荆州长江大桥是湖北省荆州市境内连接沙市区与公安县的过江通道，是湖北省“九五”期间交通重点建设项目。该桥结构复杂，有“九桥合一”之称，其中北汉通航孔桥为主跨 500m 的预应力混凝土斜拉桥，其跨度在当时同类型桥梁中排名亚洲第一、世界第二。在荆州长江大桥 4 年多的建设过程中，涌现了一大批新世纪的优秀桥梁工程师与技术人员。其中，有一群来自长沙理工大学（当时为长沙交通学院）的青年人，他们满腔热血，在大桥的建设现场日夜拼搏，砥砺前行，他们就是颜东煌教授和他的学生们。在荆州长江大桥的建设过程中，他们不仅认真完成了各项施工控制工作，还积累了相当宝贵的工程经验。

一、中国“桥梁建设的博物馆”

荆州长江大桥北起荆州互通，上跨长江水道，南至荆州北互通；线路全长 8.860km，主桥全长 4177.6m；桥面为双向四车道一级公路，设计速度为 100km/h。荆州长江大桥分别由北岸引桥、荆州大堤桥、北岸滩桥、北汉通航孔桥、三八洲桥、南汉通航孔桥、南岸滩桥、荆南干堤桥以及南岸引桥 9 个部分组成，被桥梁专家誉为“桥梁建设的博物馆”。荆州长江大桥于 2002 年 10 月 1 日建成通车，是我国跨世纪的桥梁工程，更是我国桥梁建造技术发展的里程碑（图 9.1、图 9.2、图 9.3）。

图 9.1　项目地理位置

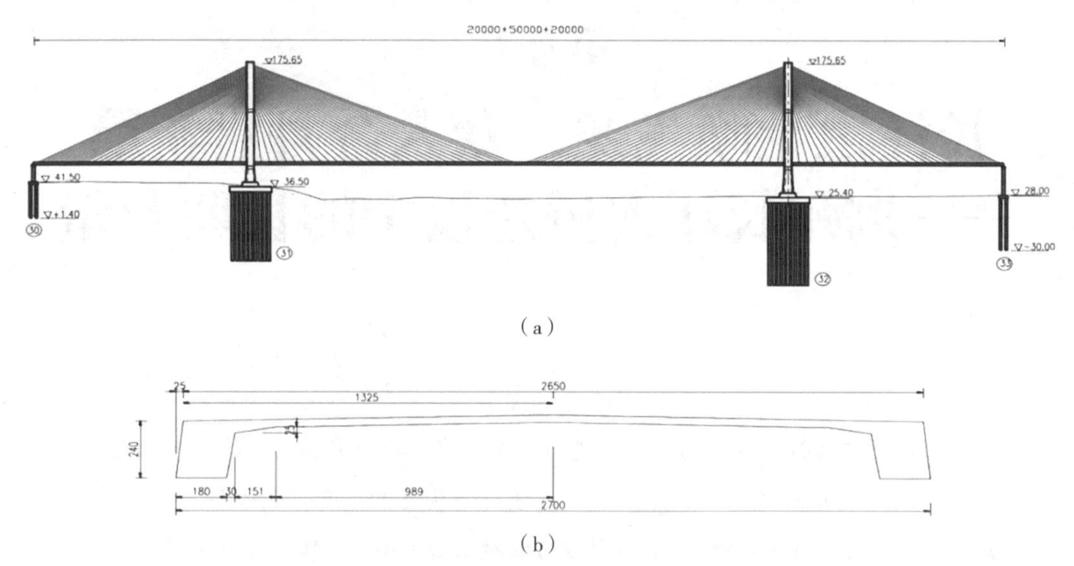

图 9.2　北汉通航孔桥（主跨 500m 的预应力混凝土斜拉桥）桥型立面布置与主梁标准截面（单位：cm）

图 9.3　北汉通航孔桥（主跨 500m 的预应力混凝土斜拉桥）实景

二、迎难而上勇担当

荆州长江大桥施工监控项目是颜东煌教授团队初次在湖北省境内承担的桥梁监控项目。虽然团队已有参与建设长沙湘江北大桥、铜陵长江大桥、南昌新八一大桥、武汉江汉四桥、岳阳洞庭湖大桥等工程的经验，但是当时荆州长江大桥建设方对颜教授团队的实力和能力是将信将疑的。

为了确保荆州长江大桥主桥在施工过程中结构受力和变形始终处于安全的范围内，成桥后主梁的线形符合设计要求，结构恒载受力状态接近设计期望，颜东煌教授团队（图 9.4）在主桥施工过程中进行严格的施工控制。

图 9.4　颜东煌教授（左 4）与学生们在荆州长江大桥施工现场

大跨度桥梁设计与施工高度耦合，所采用的施工方法、材料性能、浇筑程序、立模标高以及斜拉桥的安装索力等都直接影响成桥的线形与内力，而施工现状与设计的假定总会存在差异。颜东煌教授和他的学生们在施工过程中采集需要的数据，通过计算，对浇筑主梁立模标高和斜拉桥的安装索力进行调整与控制，以满足设计的要求。通过施工过程的数据采集和优化控制，在施工中逐步做到把握现在，预估未来，避免施工差错，尽可能减少索力调整工作量，缩短工期，节省投资。

荆州长江大桥的结构体系非常复杂，为了能够准确模拟该工程的施工过程，得到可靠的数据结果，颜东煌教授团队在荆州长江大桥施工监控过程中采用了自主研发的“桥梁结构设计与施工控制软件系统”。经过长沙湘江北大桥、铜陵长江大桥、南昌新八一大桥、武汉江汉四桥、岳阳洞庭湖大桥、九江鄱阳湖口大桥、湘潭湘江三桥等十多座大型斜拉桥的施工控制实践检验，能够证实这是一套成熟的施工控制计算与分析软件。经过课题组成员的精细化建模，该软件的计算数据为荆州长江大桥的施工监控工作提供了高效的指导，也体现了颜教授团队在斜拉桥施工过程计算方面的高水平（图 9.5）。李学文老师（图 9.6）是团队中唯一的女老师，也为荆州长江大桥的施工监控工作尽心尽力。

荆州长江大桥是大跨度混凝土斜拉桥，温度变化对其施工影响巨大，是否修正或避开温度对梁、塔变形等的影响是施工成败控制的关键因素之一。主要原因为：斜拉桥主

图 9.5　学生们正在计算和分析数据

图 9.6　李学文老师正在分析数据

要由钢材和混凝土两种材料组成，二者的线膨胀系数存在较大的差异，在实际施工中，必须根据测量结果进行识别；两种材料对外界温度变化响应的程度和快慢不同；结构各部分的日照强度和方向不同而导致结构中温度场的变化不同。温度影响对三八洲连续梁桥的影响也非常大，主要体现在合龙时结构温度的变化对主梁标高的影响。为了回避温度对施工控制的影响，当时在现场的颜东煌老师和陈常松老师经常同学生和技术人员一起，凌晨到现场进行施工控制工作，到天亮才能下桥。为了建设好荆州长江大桥，他们总是风雨无阻，日夜兼程（图 9.7、图 9.8）。

图 9.7　陈常松教授（右 2，当时的现场负责人）与涂光亚副教授（左 1，当时的研究生）在现场分析测量数据

在颜东煌教授团队的努力下，荆州长江大桥的施工过程得到了有效可靠的控制。荆州长江大桥在 2001 年 11 月 26 日完成主梁合龙，全线贯通（图 9.9）。在艰难的工作环境中，颜东煌教授团队在每一件小事、每一个环节和每一个施工阶段上都尽全力把工作

图 9.8　颜东煌教授（右 1）和陈常松教授（左 1）在施工现场

图 9.9　颜东煌教授（右 2）、陈常松教授（左 1）和田仲初教授（右 1）在现场

做好。就这样，他们在大桥建设的 4 年多里一步一步改变了大桥指挥部对长沙理工大学施工监控的印象。从建设方的半信半疑到拍手称赞，颜东煌教授和他的学生们付出了成倍的汗水和心血。

三、工地为家舍小家

在那个交通不发达的年代，颜东煌教授和他的学生们把工地当作自己的第二个家，驻扎在荆州长江大桥的桥位现场。他们都有自己的小家庭，但一想到能够为国家的基础建设出一份力，就毫不犹豫地投身于大桥建设，这种舍小家为大家的无私精神值得传颂。面对艰苦的工作环境，他们不仅没有一丝抱怨，在困难中练就钢铁般的意志，甚至还乐在其中，在工地团拜会上他们面带微笑留下合影，展现着他们迎难而上的精神（图 9.10）。面对工作中遇到的技术难题，他们积极思考与讨论，每个人都提出自己的想法，就是为了能够找到最好的解决办法。

图 9.10 颜东煌教授（右 2）在工地团拜会上留影

团队中的陈常松教授当时还不到 30 岁，作为荆州长江大桥施工监控项目的现场主要负责人，为了大桥安全、高效地建成，陈老师曾经连续 6 个月没有回过家。施工现场时常会遇到一些突发问题，陈老师总是认真思考，有时为了攻克难题忙得焦头烂额。只要是现场发生的与施工监控相关的大小事情，陈老师都事必躬亲，时时刻刻尽到自己的责任。平时完成了施工监控工作后，陈老师也会经常到现场了解施工情况，他相信只要态度端正，方法对头，肯下功夫，就一定能把事情做好。

由于工程进度的要求，颜东煌教授、陈常松教授和其他几位老师、学生在工地度过了 2002 年的春节。作为大桥建设的关键技术人员，颜教授团队在整个春节期间随时待命，保证荆州长江大桥施工的顺利进行。虽然在春节期间无法与家人团聚，但是他们毫无怨言。因为他们明白，项目需要他们，祖国的基础建设需要他们。正是有千千万万像他们这样的开拓者，国家的发展才会不断开拓前进。

在荆州的那几年，颜教授团队充分展示了长沙理工大学（当时的长沙交通学院）科研人员优良的精神面貌，同时发扬了工程人锲而不舍、艰苦奋斗的行业作风，他们已然成为我们敬佩和学习的榜样。

四、攻坚克难创丰碑

荆州长江大桥桥型复杂、规模大，上部结构施工技术难度大。整个主桥由两座斜拉桥和一座连续梁桥组成。北汉通航孔桥主梁为预应力混凝土结构，主跨跨径为 500m。连续梁桥施工过程中体系转换次数多，上下幅共 14 个 T 梁平行交错施工。南汉通航孔桥为高低塔不对称结构。在施工设备还不是特别发达的年代，要完成如此复杂的工程是十分艰难的，这也给颜东煌教授团队带来了巨大挑战。

北汉通航孔桥采用前支点挂篮对称双悬臂现浇法施工（图 9.11）。由于对称施工到 17 号梁段后中边跨主梁重量严重不对称，因此在边跨设立临时墩。施工中边跨挂篮需通过临时墩继续向前推进，如何设置临时墩成为北汉通航孔桥施工监控的第一关键难题。颜教授团队制定了高效的临时墩方案，使得北汉通航孔桥能够顺利合龙。

图 9.11　北汉通航孔桥施工过程

三八洲桥（图 9.12）为连续梁桥，长度为 1100m，共分八跨，同时分上下游两幅，采用后支点挂篮平行交错施工，合龙跨数较多，共有 16 个合龙口，合龙时间间隔长，合龙口两侧悬臂端等待合龙的时间差最长约为 6 个月。上下幅之间标高平顺性要求特别严格。在三八洲桥的施工控制中，颜教授团队严格控制合龙工况和时间（合适温度场），回避和消除了各种误差，在确保线形平顺的基础上满足设计标高要求，同时避免各种附加内力。

南汉通航孔桥的 42 号塔（高塔）边跨在 16 对索以前采用挂篮悬臂现浇法，17~21 对索之间边跨主梁采用在预压过的支架上现浇且中跨滞后边跨两个梁段继续采用挂篮悬臂现浇法施工，因此 42 号塔边跨梁段从挂篮悬臂现浇到支架现浇的转换是一个关键工况。43 号塔（低塔）中跨采用挂篮悬臂现浇且滞后边跨两个梁段，而边跨全部在经过预压过的支架上现浇施工，边跨支架的沉降量计算对于主梁线形和内力的

图 9.12 三八洲桥

控制非常重要。鉴于颜教授团队的精确计算与精准控制（图 9.13），南汉通航孔桥也顺利合龙。

图 9.13 荆州长江大桥施工过程

施工监控工作的关键在于对采集的状态变量数据进行有效的误差分析，并对后续梁段的施工监控数据作相应的调整，使实际桥梁结构的受力和变形处在理论数据的控制下，不断地沿着理论计算的轨迹使结构达到成桥设计目标。

根据荆州长江大桥施工监控的理论研究和实践探索，颜东煌教授团队认为测试数据的误差分析是控制数据调整的前提，是施工监控的重中之重，而后续施工梁段的控制数据的调整是误差分析的首要目标。在大桥的施工监控过程中，团队成员做了大量的数据测量与分析工作（图 9.14），在施工过程中不断消除各种参数误差，确保荆州长江大桥能够顺利达到设计的成桥状态。

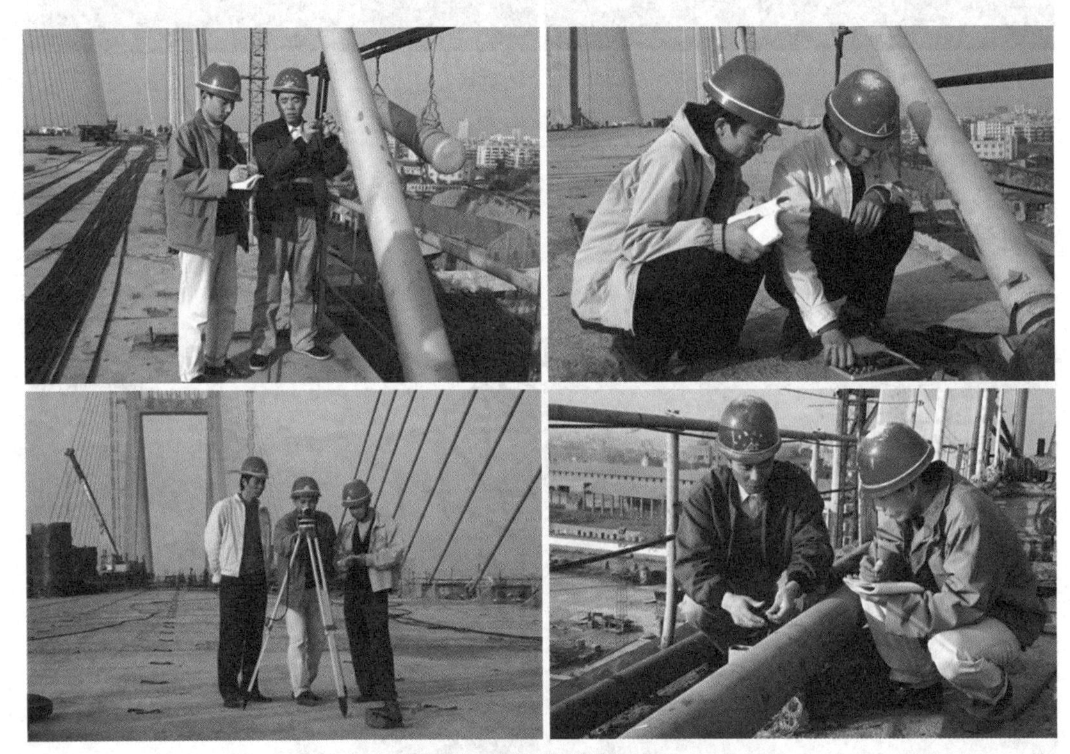

图 9.14　现场测量与数据分析

经过颜东煌教授与学生们四年的不懈努力，荆州长江大桥监控工作顺利结束，大桥成功通车，他们用自己的辛勤劳动和汗水向荆州人民交上了一份满意的答卷。

五、结语

颜东煌教授团队奋战荆州长江大桥的故事让我们获益良多，使我们懂得了每个工程人的艰辛，懂得了桥梁建设的不易，懂得了祖国的高速发展离不开所有默默奉献的奋斗者。像颜东煌教授团队这样高水平、肯奉献的团队还有许多，无数个如此优秀的团队才汇聚成桥梁强国建设的中坚力量。

结束了荆州长江大桥的建设工作后，颜东煌教授团队并没有停下在大江流域为人民作贡献的步伐。他们走遍祖国的大江南北，后来建成的鄂黄长江大桥、苏通长江大桥、荆岳长江大桥、九江长江二桥、嘉鱼长江大桥、石首长江大桥、赤壁长江大桥、棋盘洲长江大桥中都留下了他们的足迹。团队先后培养了上百位优秀的桥梁建造技术人才，包括陈常松教授、涂光亚教授等。现在，颜东煌教授和陈常松教授正带领着学生们在荆州观音寺长江大桥（主跨 1160m 的斜拉桥）的建设现场挥洒热血。

第10章

洞庭湖阔横龙卧　监控任重砥砺行
——岳阳洞庭湖大桥建设中的长理力量

岳阳洞庭湖大桥是岳阳市东西向重要的交通枢纽，大桥的建成为岳阳市经济社会发展发挥了重要作用。作为我国内陆地区第一座全漂浮结构体系的预应力混凝土三塔斜拉桥，洞庭湖大桥结构新颖、造型美观，但其建设难度大，在设计、施工、监理等各方面都是前所未有的挑战。在大桥的建造过程中，涌现出一大批路桥专业技术人才，他们在各自的岗位上尽职尽责，在困难面前毫不退缩，在技术上力求精湛，为大桥的顺利建成保驾护航。其中，长沙理工大学李传习教授及其监控团队，便是这个护航编队中的重要组成部分。他们在思想上所表现出的执着与坚守，在技术上所表现出的精益求精，是当代桥梁人工匠精神的真实写照，是未来工程师学习的榜样。

一、岳阳洞庭湖大桥简介

风高浪急之洞庭，以桀骜不驯的方式，浩浩荡荡入长江。湖面船只通行量大，拥堵乃家常便饭，建造一座飞越湖面的桥梁，便成为人们的期盼。然而，在洞庭湖上建桥，谈何容易！岳阳洞庭湖大桥（图10.1）正是位于洞庭湖水道之上，主槽常水位宽约1400m。大桥是连接岳阳市君山区和岳阳楼区的重要过江通道。大桥于1996年12月动工兴建，2000年8月主桥合龙（图10.2），并于同年12月正式通车。大桥的建成开创了我国在大型湖泊上修建大跨径斜拉桥的先河。

岳阳洞庭湖大桥总长5.7835km，其中主桥为漂浮体系三塔斜拉桥，桥跨布置为（130+2×310+130）m。主梁为肋板式断面，梁肋高2.5m，梁宽23m；拉索为扇形双索面，塔上标准索距1.2m，梁上标准索距8.0m；中塔两侧各22对拉索，倾角为29.5°~80.9°，边塔两侧各16对拉索，倾角为29.9°~77.9°，塔下设置0号索；索塔采用宝石形单箱双室截面，自承台顶面算起，中塔高125m，两边塔高100m。大桥设计荷载为汽车-超20、挂车-120，人群荷载3.5kN/m^2，桥宽23m，双向四车道，设计行车速度60km/h。桥下航道等级为Ⅲ级航道，双孔通航，通航净空70m×16m。

图 10.1　岳阳洞庭湖大桥实景

图片来源：岳阳网

图 10.2　岳阳洞庭湖大桥合龙场面

二、敢为人先的精神追求

在洞庭湖大桥的施工现场，东风湖大堤外的一处工棚里，住着几名教授、讲师和博士、硕士研究生，他们常常在傍晚或凌晨背着仪器出发，在工地一直干到天亮。他们从事的是大型桥梁工程建设中一项至关重要的工作——桥梁施工监控。作为一项当时新出现的技术服务工作，桥梁施工监控的主要目的是通过控制桥梁结构施工过程的结构状态，实现设计计算书中既定的成桥结构内力状态与几何状态，主要工作包括控制计算、施工监测、数据分析与反馈控制等。

洞庭湖大桥是20世纪90年代我国内地第一座三塔预应力混凝土全飘浮体系斜拉桥，设计先进，造型美观，工程建设难度大，施工监控尤为必要。特别在当时先后发生了重庆綦江彩虹桥垮塌、宁波招宝山大桥施工过程中主梁压溃等事故，国内桥梁专家一致认为桥梁坍塌事故与施工控制不严息息相关，洞庭湖大桥建设决不能对此掉以轻心。

为确保工程质量万无一失，根据工程质量管理规程，洞庭湖大桥建设指挥部与长沙交通学院（现长沙理工大学）协商，成立长沙交通学院洞庭湖大桥主桥施工控制部。1998 年 5 月，洞庭湖大桥斜拉索及主梁施工进入实施阶段，一支监控队伍来到了洞庭湖畔。领头的是长沙交通学院 34 岁的副教授李传习，他的助手是长沙交通学院教师刘扬（现湖南省交通运输厅党组书记、厅长）、刘建和在读硕士研究生夏桂云等。这些年轻的知识分子一到工棚便放下行装，直奔施工现场。在他们的眼中，主桥的三个桥墩如巨人般傲立于洞庭湖流入长江的主河槽中。能参加这样一项跨越洞庭天堑、设计水平达到世界领先、当时我国内河最大公路桥梁的施工控制，不能不说是一种幸运。控制部成员一个个默默立下誓言：一定严守质量防线，在洞庭湖大桥建设创精品、夺金牌的战斗中，贡献自己的专业技能。

桥梁施工控制伴随着桥梁的整个施工过程，洞庭湖大桥主桥施工控制部的监控人员从进入工地的第一天起，就把自己的全部精力投入到工程建设中，与施工单位的人员一起摸爬滚打，活跃在施工现场的每个角落。

洞庭湖大桥主梁施工采用前支点挂篮（图 10.3），其结构轻巧（自重 148t），移动方便，但刚度相对较低，在梁段混凝土自重（349.2t）作用下变形量大。为了使得大桥建成后的主梁线形达到目标线形，施工单位需要提取各梁段立模标高中准确反映挂篮变形量的数据。在当时的技术条件下，这无异于“占卜开卦”，给施工单位带来了巨大的挑战。

为了协助施工单位解决这一问题，李传习教授潜心研究，精确计算各种控制数据，充分考虑挂篮刚度的影响，准确模拟挂篮可移动的特点，开发出了一套桥梁施工控制计算软件。那段岁月里，李传习教授从理论推导到程序流程设计，从代码输入到程序调试，从软件运行到结果验证，夜以继日地坐在电脑前，眼睛熬红了，身体消瘦了，声音沙哑了，他全然不觉。直到施工控制软件成功研发出来，他才露出幸福的笑容，原本那合身的衣服看起来已渐显宽松。后来每每提及那些日子，李传习教授始终觉得那是一段“衣带渐宽终不悔”的幸福难忘时光。

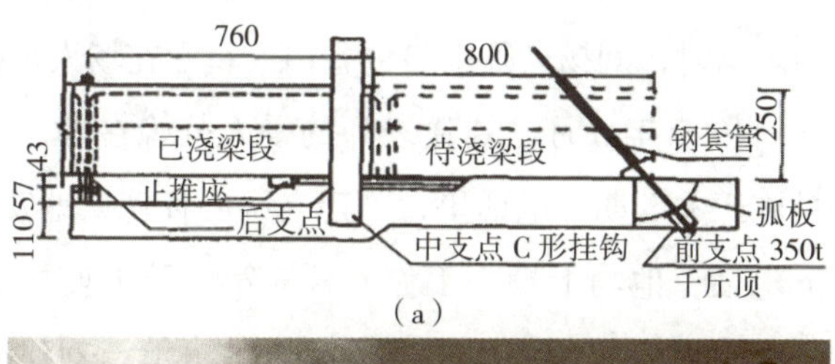

（a）

（b）

图 10.3　岳阳洞庭湖大桥前支点挂篮

（a）前支点挂篮设计（单位：cm）；（b）前支点挂篮施工

三、心若磐石的坚守情怀

主梁混凝土浇筑时标高测量要相当准确。然而，湖南地处南方，四季分明，温度差异较大，即便在一天内，温度变化也非常显著。受之影响，大桥标高测量波动大，数据读取随机性大。

为了获取稳定的标高数据，只能选择在日照影响小的凌晨 2~5 时进行测量，但是凌晨光线微弱，高程测量读数十分困难。施工控制部别无选择，只得挑灯夜战。夏天他们忍受着热浪下的蚊蝇叮咬，冬天冒着凄风冷雨，打着手电筒一处一处细心量测。白天，他们又对测得的标高数据进行整理分析，并基于施工监控计算软件的反馈结果，及时向施工单位发出下一步的监控指令。直到现在，在项目监控组的资料柜中，还能看到那些堆放整齐的监控指令集。随手翻开一本，上面全是排列整齐、密密麻麻的数据，它们静静地诉说着大桥施工控制部的严谨与务实。

1999 年 11 月的一天下午，为了确定锚索计的压力传感器与千斤顶的连接方式，李传习教授与刘扬老师爬上 12 号塔柱，现场测量、记录完各种传感器数据后再回到地面时，已近傍晚。然而，施工单位还在焦急地等待着 11 号塔柱的现场测量数据，以制定第二天的施工方案。为了不影响施工进度，他们拖着疲惫的身体，打起精神，朝着 11 号桥塔而去。深暗的夜空中，光线微弱，刘扬老师打起碘钨灯（一种简易高亮度照明灯）测量各种数据，人与灯的距离近，持续时间长，加之灯光强烈，他的衣服被烤焦了，皮肤也红肿起来，产生阵阵灼烧感。坚持测完最后一个数据并确认无误后，大家再次回到地面。这时，刘扬老师已脸色苍白，幸亏在场人员搀扶得快，才没有晕倒在地上。

1999 年 6 月，刘建老师的爱人分娩在即，电话中希望他能短暂陪伴。可是当时正是施工关键期，电话里，刘建老师心怀愧疚地安抚好爱人，将护理任务拜托给家人；放下电话，他马上投入工作，核对第二天的监控数据。直到孩子呱呱坠地，刘建老师仍坚守在大桥控制部。每每提起这件事情，刘建老师只是淡淡地摇摇头，马上转到其他话题。

四、结语

李传习教授和他的施工控制团队在岳阳洞庭湖大桥工地战斗了三个春秋，先后发出了近百来份包括立模标高、各阶段拉索张拉力、节段施工程序、施工相应要求等方面信息的控制指令，并要求施工单位严格实施，保证了监控阶段目标和总目标的实现。大桥两中跨处的合龙精度分别达到 1.5mm 和 3mm，远低于允许值 10mm，达到世界先进水平。他们与设计、施工、监理单位的同志勇于担当，始终坚守，为大桥建设筑起了一道道质量防线，保障了大桥的高品质建成。大桥荣获 2002 年国家优秀工程设计金奖和詹天佑土木工程大奖，并被评为首届“中国十佳桥梁”，同时依托该项目开展的“岳阳洞庭湖大桥多塔斜拉桥新技术研究”荣获 2003 年国家科技进步二等奖。

第 11 章

桥梁医生妙手回春，万里长江第一桥——宜宾长江大桥修复中的长理力量

宜宾长江大桥是一座位于四川省宜宾市的斜拉桥，主桥采用双塔双索面预应力混凝土斜拉桥设计。2008 年受汶川地震影响，桥梁主跨跨中下挠，部分墩柱及支座受力与变形异常。来自长沙理工大学的刘扬教授课题组承担了宜宾长江大桥的索力优化调整工作，全桥共 308 根索，索力组合方案的数量非常庞大。刘扬教授带领课题组十余名硕士、博士研究生奔赴现场，通过对该桥进行系统的检测和安全评价，优化了调索方案，仅对 308 根索中的 16 根进行调索（调索根数占总数的 5.2%），消除了跨中下挠等病害，显著改善了该桥的受力性能，使其可靠度水平恢复到目标值以上。

一、四川宜宾长江大桥简介

宜宾长江大桥跨越金沙江与岷江汇合口下游的长江干流，是岷江口向下游最近的一座跨江大桥，大桥全长 928.73m，其中主桥采用双塔双索面预应力混凝土斜拉桥设计，全长 828m，跨距布置为（184+460+184）m，北桥塔塔高 172m，南桥塔塔高 159m，总重量约 2100t（图 11.1）。每个边跨设 2 个辅助墩，全桥共 4 个辅助墩；北岸引桥为 3 × 30m 预应力混凝土空心板梁桥。宜宾长江大桥的通车结束了从上江北岷江大桥和南门桥绕行的困扰，节约十几公里弯路。

宜宾长江大桥南北两塔共使用了 148 根钢索，形成两个美丽的扇面，将主桥拉起

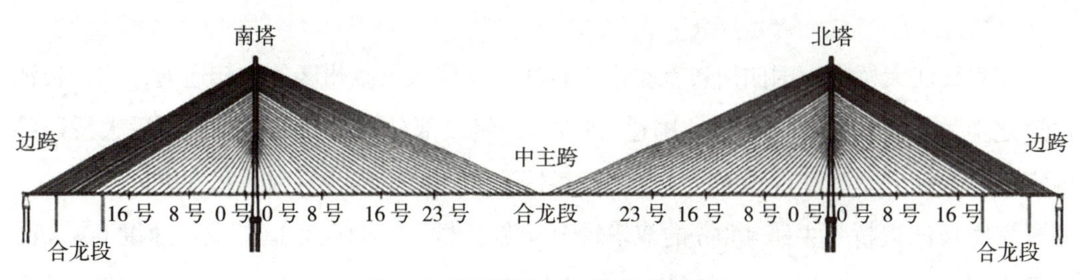

图 11.1　宜宾长江大桥总体布置示意图

悬挂于长江通航水位上 58m 处，保证即使在洪水期，桥下通行船只也能有 38m 的高程。大桥抗洪能力为三百年一遇的洪水。大桥整体气势恢宏，成为人们观赏万里长江的又一个新景观（图 11.2、图 11.3）。

图 11.2　宜宾长江大桥俯瞰图

图 11.3　宜宾长江大桥夜景

宜宾长江大桥是中国四川省宜宾市境内连接翠屏区与叙州区的过江通道，位于长江水道之上，是宜宾—兴文公路（国道 G547）的组成部分。观斗山隧道连通后大桥还将内宜高速的部分车流进行分流，大大缓解市区交通拥堵现象，实现南北直通。

宜宾长江大桥是主跨 460m 的双塔混凝土斜拉桥，双向四车道，设计速度 60km/h，桥面宽度 22.5m，设 2% 的双向横坡。这座桥建成时在全国混凝土斜拉桥中主跨跨径仅次于湖北鄂黄大桥位列第二。该桥建设中曾经因为资金问题影响了施工进度，中途一度被迫停工。经过多方协调努力，工程于 2005 年 11 月恢复建设。2008 年 4 月 7 日正式竣工通车。该桥建成不久后，又经历了“5·12”汶川大地震的考验。三年后业主委托相关单位对大桥现状进行了多次检测，并召开了桥梁现状评估会议。根据检测报告，该桥主要问题包括：

（1）索力普遍出现不同程度的下降；

（2）辅助墩支座及墩柱存在非正常偏位，其中 6 号墩拉压支座可能已受拉；

（3）斜拉索锚垫板锈蚀；

（4）主跨跨中的实际挠度超出理论挠度的幅度较大。

根据理论分析，宜宾长江大桥具有 308 根索，其索力组合方案的数量非常庞大，必须根据调索目标进行详细的理论计算，既要保证调索过程中桥梁结构安全，也要保证调索后结构线形平顺、内力合理。面对这样苛刻的要求，修复这座大桥显然困难重重。

二、“桥梁医生”妙手回春

面对难题，来自长沙理工大学的刘扬教授秉持着脚踏实地、艰苦奋斗、乐于奉献、锐意进取的“铺路石”精神，带领他的团队来到了宜宾长江大桥。在此之前，刘扬教授已经参与了多个大跨径桥梁的建设与桥梁病害诊治，是一位名副其实的“桥梁医生”。针对宜宾长江大桥的病状，他首先确定了这次调索的目标：

（1）主跨跨中标高调高 6~8cm。

（2）主梁最不利应力变化值控制在 10% 以内，并满足设计规范要求。

（3）恒载状态下，调索前后索塔坐标状态不变，争取向岸侧微偏。

确定目标后，经验丰富的“桥梁医生”提出了可靠的调索思路，调索采用大吨位千斤顶进行整体张拉，安装张拉设备及调索操作在塔内移动平台上进行。根据调索步骤，安装张拉设备进行索力调整，张拉加载到控制油压以后，锁紧螺母。当部分锚具丝牙调整量不足时需要在锚固螺母下方加垫块，再锁紧螺母。当调索完成后，测量索力、标高、应力等参数，确定调索是否达到预期目标，确认不需要再进行调索以后，再对垫块进行防护处理。

此外，在调索过程中，刘扬教授还带领研究生冒着酷暑与严寒，背着测试仪器与传感器测量了全桥状态变量的关键数据（图 11.4），并对全桥索力、主梁标高、索塔坐标、辅助墩偏位、支座偏位进行了详细的理论计算，为宜宾长江大桥的调索提供科学依据，最终完美地修复了这座大桥。

在修复完成后，刘扬教授团队还开展了“复杂环境下缆索承重桥梁运营可靠性保障关键技术及应用”的科学研究，并将科研成果应用于宜宾长江大桥上。宜宾长江大桥开发维护单位表示：这些科研成果的应用为宜宾长江大桥斜拉桥的日常管理与维护提供了科学依据，避免了日常养护检测的盲目性，大大节省了养护管理费用，主要体现在：合理安排日常维护项目和检测周期；及时合理安排大桥营运期索力调整优化、结构检测等大型维修项目；通过对恶劣气候环境或突发事件下大桥的安全监测与评估，减少了大桥结构潜在损伤、延长了使用寿命。若不采用该项目成果技术，仅 2017 年至 2019 年造成的直接及间接经济损失估算为 5352 万元。夜晚在宜宾长江大桥上进行的大桥灯光秀，让大桥在黑夜里熠熠生辉，成为这座城市一道美丽的风景线（图 11.5）。

图 11.4　刘扬教授团队研究生开展测量工作

图 11.5　修复后的宜宾长江大桥灯光秀

三、结语

宜宾，一座被江水分割的城市，金沙江、岷江、长江三江交汇于此，宜宾长江大桥在此诞生。宜宾长江大桥成为当地的骄傲和标志。它的修复过程是一段辛勤付出和团结协作的历程，体现了建设者们对美好未来的追求和奋斗精神。在这个过程中，刘扬教授团队秉持长理“铺路石”精神，树立起长理桥梁团队的旗帜，为该工程的完成作出了贡献。三江穿城而过，江面上也架起了一座座桥梁，每一座桥都是一道风景。放眼望去，长理桥梁的旗帜在风中飘扬。

第12章

团结协作创新篇　尽职克难出新作——泸州邻玉长江六桥建设中的长理力量

在四川泸州市江阳区，邻玉长江六桥傲然挺立，华阳街道、邻玉街道相连，纵横江心。它是泸州腾飞的象征，是川、渝、滇、黔交汇之地。建成的泸州邻玉长江六桥依靠众多单位的协同，建设、设计、施工、监理、监控各司其职，共同创造辉煌。长沙理工大学李传习教授领衔的桥梁施工监控团队（李传习、曹水东、张玉平、董创文、柯红军及多名研究生）担负主桥施工监控和成桥荷载试验重任，在施工现场进行结构测试，时刻精准预测。科学的分析计算与合理的反馈控制措施，为大桥建设过程提供技术支撑。

一、泸州邻玉长江六桥简介

邻玉长江六桥主桥为三塔双索面斜拉桥（55+60+425+425+60+55）m=1080m。其中两个主跨各有391m的钢箱梁，其余均为混凝土箱梁（图12.1）。为适应地形需求，该桥采用高低塔结构，中间高塔采用塔梁固结，两边低塔采用竖向支承形式。引桥为45m等跨预应力混凝土连续梁桥。

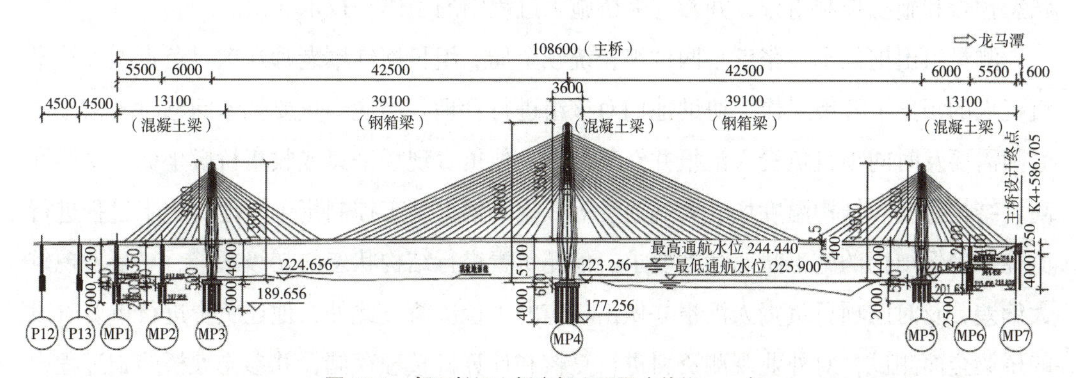

图12.1　邻玉长江六桥主桥立面图（单位：cm）

桥梁横断面的布置主要依据路网总体规划和适应远景交通量而确定，即近期为双向八车道，远期为双向六车道 + 轨道通道。主桥高塔区域（近期）：1.5m（拉索区）+2.5m

（人行道）+15.0m（机动车道）+2.5m（分隔带）+6.0m（主塔区）+2.5m（分隔带）+15.0m（机动车道）+2.5m（人行道）+1.5m（拉索区）=49.0m。主桥高塔区域（远期）：1.5m（拉索区）+2.5m（人行道）+12.0m（机动车道）+5.5m（轨道交通）+6.0m（主塔区）+5.5m（轨道交通）+12.0m（机动车道）+2.5m（人行道）+1.5m（拉索区）=49.0m。

二、分工明确，团结协作

在邻玉长江六桥的建设过程中，施工监控单位扮演着至关重要的角色，起着施工监控计算、信息跟踪采集、信息分析处理、实时控制和信息反馈的作用。为了确保施工监控和监测工作能够高效地完成并保证质量和数量，根据邻玉长江六桥的实际情况以及具体的技术要求，施工监控单位成立了由技术人员组成的“施工监控组”，他们常驻现场，并与现场施工密切配合。施工监控组包括监控计算分析与数据处理组、监控测量组和监控测试组。

项目负责人李传习老师全面负责施工监控工作，包括技术、组织管理、后勤和对外协调等。项目技术负责人曹水东老师全面负责施工监控技术工作和施工监控现场的工作，包括组织和领导工地现场的计算分析组和测量测试组，并在现场做出技术上的决策。

结构分析、计算分析和数据处理组的组长董创文老师在项目负责人和技术负责人的领导下开展工作，协助他们对该组进行管理。当遇到重要技术问题，尤其是需要确定解决方案的问题时，董创文老师需及时向项目负责人汇报并经其批准。他负责制定施工控制的技术路线、标准、方案和实施细则，对采集的数据进行分析，进行结构的仿真计算、误差分析、识别和优化调整，以及结构状态的预测。除此之外，他还负责编写施工状态预告和施工控制指令，并参与大桥施工过程中的工作和技术会议。

测量组由柯红军、张玉平两位组长统领全局。组长柯红军老师在项目负责人和技术负责人的领导下开展工作，协助他们对该组进行管理。当遇到重要技术问题时，柯红军老师需要及时向项目负责人汇报并经其批准。他负责现场采集或收集桥墩坐标、主梁标高、结构应变、结构温度场、大气温度等数据。根据施工控制指令，他对施工过程进行监控，确保结构的施工状态达到要求。他还负责进行结构状态的初级预警，一旦发现较大偏差，及时向项目负责人汇报并做出相应的工程决策。此外，他还负责进行重要阶段的桥梁全面测试，对外业观测资料进行复核和计算机整理存储，并参与大桥施工过程中的工作和技术会议。

测量组的另一位组长张玉平负责结构试验和测试，获取结构计算和反馈分析所需的参数。他还负责对外业观测资料进行复核和计算机整理存储，同时对施工监控组内部技术文档进行计算机建档存储，并对来往的资料、文件等进行整理和归档。同样，他也参与大桥施工过程中的工作和技术会议。

这些施工监控组的成员，分别在项目负责人和技术负责人的领导下，负责不同方面的工作，协同合作，确保邻玉长江六桥的建设能够顺利进行且质量达标（图 12.2）。他们通过信息跟踪、数据分析和实时控制，为施工过程提供准确的监测和预警，保障桥梁的安全和线形顺畅（图 12.3、图 12.4）。他们的努力和贡献为大桥的成功合龙、为整个项目的成功建设起到了至关重要的作用（图 12.5、图 12.6）。成桥后的邻玉长江六桥与江面相互交映，大气且壮丽（图 12.7）。

图 12.2　主梁施工照片

图 12.3　现场线形测量

图 12.4　曹水东老师、柯红军老师现场勘察与指导

图 12.5　邻玉长江六桥合龙过程

图 12.6　邻玉长江六桥顺利合龙

图 12.7　邻玉长江六桥成桥后效果图

三、悉心指导，追求卓越

在邻玉长江六桥的施工过程中，团队中的老师起着导航者的作用。他们不仅仅传授知识，更重要的是提供全面的技术支持和指导，确保项目的顺利进行。首先，老师在桥梁设计阶段起到至关重要的作用。作为经验丰富的专业人士，老师可以提供宝贵的建议和意见，确保桥梁的结构设计符合工程规范和标准要求。他们能够审查和分析设计图纸，识别潜在的问题并提供解决方案，从而保证桥梁的安全。其次，老师在施工过程中扮演着教练和导师的角色。他们能够向团队成员传授实践经验和技巧，指导学生正确地使用仪器、计算分析软件和执行监测任务。老师的指导帮助使团队成员培养了良好的监控素养和技术能力。最后，老师在整个施工过程中注重安全和风险管理。他们教育团队成员遵守安全操作规程，确保施工现场的安全措施得以贯彻执行。老师还会评估工程风险并制定相应的控制措施，以在施工过程中最大限度地减少事故和损失的发生。他们以智慧的导航者身份为团队提供技术支持和指导，确保项目顺利进行。他们的专业知识和经验使得整个施工过程更加高效、安全和成功。团队中每个成员都能从老师的指导中受益，不断提升自己的技术水平和专业能力。

在邻玉长江六桥的结构分析阶段，刘雪松、李思阳等研究生面对着一个复杂的挑战。施工监控要求进行大量繁琐的结构分析和仿真计算，以确保桥梁安全。然而，由于桥梁跨度大、荷载巨大且地质条件复杂，传统的计算方法无法满足需求。在与李传习老师和曹水东老师讨论后，刘雪松、李思阳决定采用有限元分析法来解决这一问题。他们深入研究有限元分析的原理和应用，并与其他组成员共同进行数据收集和建模工作。他们利用先进的结构分析软件，精确模拟了桥梁在各种荷载情况下的响应。由于计算量庞大，分析过程非常耗时，为了提高效率，刘雪松利用并行计算技术和分布式计算资源，将计算任务分割并在多台计算机上同时运行。他还编写了一些自动化脚本，以简化计算过程并减少人工干预。通过不懈的努力和创新思维，他们成功完成了结构分析和计算分析的任务，并提供了全面准确的分析结果。这些结果为设计团队和施工监控单位提供了重要的参考，确保了邻玉长江六桥的结构安全。在老师指导下，研究生展示了结构分析和计算分析方面的专业能力和创新精神，为项目的成功实施作出了重要贡献。

在主梁施工过程中，测量组面对了一系列困难。由于距离岸边观测点较远，直接采用全站仪测量标高精度不够，在老师的带领下，研究生们坚持不懈，通过多次测量和数据校验，将水准点引到桥塔位置主梁上，并定期复查其变化情况。尽管工作繁琐且环境恶劣，测量组始终以高度的责任感对待任务。他们不断调整测量方法，协调各方资源，并展现出对工作的坚守与执着。经过长时间的努力，他们最终成功完成了全桥的测量工作。他们的专业精神以及对任务的高度责任感，为后续工作奠定了坚实的基础。

他们向我们展示了团队成员在面对困难时的勇气和毅力。他们的责任感激励着他们克服难题，追求卓越。他们的故事也告诉我们，在工作中坚守责任，爱岗敬业，勇敢面对困难，将会带来意想不到的成长和收获。

四、攻坚克难，顺利合龙

李传习教授团队在邻玉长江六桥施工监控过程中充分认识和掌握了该桥结构形式的特点，包括宽幅箱梁、空间索面、高低塔、重载、混合梁和三塔斜拉桥。他们确定了合理的施工状态和成桥状态，确保了桥梁安全。钢箱梁主梁全宽为 49.0m，混凝土主梁全宽为 49~61.32m。在施工过程中，他们高度重视施工临时设施，如桥面吊机等大型荷载对宽幅钢箱梁局部受力的影响。

然而，新冠疫情的出现打乱了施工的节奏，后续几年工程人员不能随意流动和聚集，材料不能正常运输，行业的供应链也处于停滞状态。此外，由于邻玉长江六桥位于四川地震带，期间发生了多次地震，增加了技术难度和施工风险。尽管面临一系列困难和挑战，李传习教授团队最终确保了该桥的施工监控工作顺利实施。

在此期间，他们还培养了刘雪松、李思阳、李丰成、洪志鑫、司睹英胡、李海春、刘唐慧、过黄喜等多名硕士研究生，为桥梁工程领域的人才培养作出了贡献。邻玉长江六桥的修建过程展现了一个团队的协作能力和奋斗精神。各个项目负责人带领自己的团队，共同努力，投入了大量的人力和物力，才最终完成这一壮举。他们以严谨踏实的工作态度，精准计算每一个数据，通过实践不断磨砺自己的技能，在大桥上他们微笑合影，尽显自豪（图 12.8）。

图 12.8　邻玉长江大桥合龙后团队合影

五、结语

邻玉长江六桥的修建不仅解决了区域的交通问题，还促进了地区社会经济的发展。在中国的发展进程中，越来越多类似的桥梁工程成为经济发展的助推剂，推动着区域社会发展和进步。该工程的修建不仅仅是一项技术壮举，更是一个个团队的协作成果，展现了桥梁工程师团结合作、追求卓越的精神。通过这样的工程实践，我们培养了一批批优秀的工程师和技术人才，为国家桥梁建设作出了贡献。

第13章

践行使命变通途、科技创新结新果——助力株洲建宁大桥建设纪实

株洲建宁大桥通车之时，城市居民们纷纷感慨交通拥堵之苦终得缓解。这座桥梁除了交通方便，更激发了城市经济的繁荣与社会进步的活力。建设、设计、施工、监理、监控等各个单位同舟共济，默契无间，巧妙融入建设进程，谱写了一曲美妙的乐章。其中，长沙理工大学李传习教授领导的团队（包括张玉平、曹水东、董创文、柯红军及其他优秀研究生）功不可没，他们付出艰辛的努力与贡献，为桥梁施工监控和荷载试验提供了不可或缺的技术支持。大家众志成城，同心协力，使湘江株洲段又现通途。同时依托工程的科技进步，助力长沙理工大学荣获第一项国家级科技进步奖（“混凝土桥梁施工期和使用期安全控制的关键技术”获2006年国家科技进步二等奖）。

一、株洲建宁大桥简介

株洲建宁大桥东岸位于株洲市曲尺乡下屋湾，西岸位于竹山埠。该桥是株洲市城市快速环道上的一座特大型桥梁，也是快速环道的“咽喉工程”，同时是株洲“十五”规划建设的重点工程。株洲建宁大桥全长1721.35m，共分七联。第一联的跨径布置为（5×25+28+40+28+2×25）m；第二联的跨径布置为（11×25）m；第三联的跨径布置为（5×25+26.46）m；第四联的跨径布置为（40.85+5×41）m；第五联为主桥，其跨径布置为（240+134+42+41.7）m（图13.1）；第六联的跨径布置为（4×41+40.85）m；第七联的跨径布置为（25.15+24.10+25.00+20.90）m。

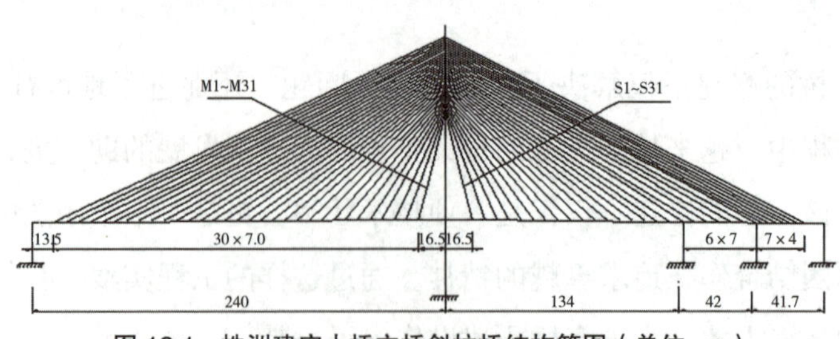

图13.1 株洲建宁大桥主桥斜拉桥结构简图（单位：m）

株洲建宁大桥主桥为独塔单索面混凝土箱梁斜拉桥。主梁采用抗风性能较好的单箱三室断面形式，主塔由上、中、下塔柱及横梁组成，横桥向为钻石型，顺桥向为工字形。为塔、梁、墩固结体系，斜拉索采用扇形布置，两排索索面距 1.2m，梁上斜拉索布置在中央分隔带，基本索距 7m，塔上基本索距 1.5m，全桥共 2×31 对索。建宁大桥为双向六车道，主桥宽 30m，设计荷载为汽车 - 超 20 级，挂车 -120。

二、兢兢业业，恪尽职守

大跨度斜拉桥的设计与施工相关性很强，很多因素如所采用的施工方法、材料性能、浇筑程序、环境温度场、立模标高以及斜拉索的安装索力等都直接影响成桥的理论设计线形与受力，而施工的实际参数与设计参数的理想取值间存在差异，为此必须在施工现场采集必要的数据，通过参数辨识后，对理论值进行修正计算，最后对浇筑主梁立模标高和斜拉索的安装索力予以适当的调整与控制，以满足设计的要求。株洲建宁大桥主桥为（240+134+42+41.7）m 的独塔单索面预应力混凝土斜拉桥，塔、梁、墩固结体系。主梁采用 C50 预应力混凝土箱形断面，主塔为 C50 混凝土宝石型结构，双排斜拉索锚固于主梁中央锚索区，扇形而置。为了使主桥安全、优质和高速地建成，保证成桥后主梁线形符合设计要求，结构恒载受力状态接近设计期望值，在施工过程中必须对主桥进行严格的施工监测和控制。通过施工过程的监测、数据采集和优化控制，依据已建梁段的指标，预测未来梁段的指标，避免施工差错，定期标定索力等，尽可能减少施工方的索力调整工作量，缩短工期，节省投资（图 13.2、图 13.3）。

图 13.2　主梁施工过程中（挂篮悬浇）

图 13.3　主梁施工过程中（挂篮悬浇—已过辅助墩）

一座大桥的建造质量从本质上讲，包括三个方面，即线形、结构的荷载效应（这里主要指“内力”或“应力”）和结构的抗力效应（这里主要包括：材料的强度、焊缝质量、锚夹具及连接器的工作状况、截面的尺寸、体内预应力、耐久性——抗力的衰减状况等）。而线形又包括纵面线形和平面线形。结构抗力效应和桥梁平面线形的质量保证主要依靠监理和施工单位的共同努力，不是施工控制（监控）的范围。施工控制主要从荷载效应的角度保证施工过程中桥梁结构安全，保证成桥后应力满足设计要求；从荷载效应的角度保证成桥后的结构线形与设计线形相符。

株洲建宁大桥施工监控团队成员工作责任心强，尊重科学，讲求实效，有较高的理论水平和实践经验。在项目负责人李传习教授的指导下主要参与了斜拉桥全过程的施工控制工作。他们一丝不苟地计算每个梁段的施工控制指令；驻施工现场进行施工控制，制定控制原则、方法和实施细则并严格遵照实施；由于经常需要零点以后到桥上进行现场施工监测，不管严寒和酷暑，积极配合施工单位，为株洲建宁大桥的施工提出了许多建设性意见，解决了众多技术疑难问题；优化施工工序和调索方案，缩短了工期，使大桥在规定时间内顺利合龙（图 13.4）。在施工控制过程中注重创新，认真贯彻业主指令，在确保建宁大桥主桥安全、质量、进度等方面发挥了积极作用。

图 13.4　主梁顺利合龙

除了服务实际工程，该桥的施工监控与荷载试验培养了多名优秀的硕士研究生（左新黛、王星海、戴亚军、李庭波、曾永革、李红利、陈富强、刘彬等）。参与建设实践使得他们对于实际工程有了比较全面的认知，为部分研究生提供了硕士论文的工程背景和研究方向。

三、密切配合，效果优良

这座主跨 240m 的独塔单索面混凝土主梁斜拉桥由株洲市城市道路建设开发有限公司主持兴建，中铁大桥勘测设计院设计；主桥上、下部构造分别由湖南路桥建设集团和中铁大桥局施工，湖南省交通建设工程监理有限公司监理，长沙理工大学实施施工控制。各个单位如同交织的乐符，合奏出一首交响曲。其中，李传习教授团队及其众多兢兢业业的成员，付出了汗水和辛勤的努力，为桥梁的施工监控和成桥荷载试验提供了重要的技术支持。他们不仅具备严谨的理论基础和专业知识，更拥有灵活的思维和解决问题的能力。他们的努力、付出和智慧，如同灿烂的繁星，汇聚成这座桥梁的恢宏姿态。这也从侧面诠释了团队的力量，在众人的齐心协力和精诚合作下，集体智慧得以释放，创造出属于他们的辉煌。

全面调索完成即成桥状态下，株洲建宁大桥主桥斜拉索索力实测结果与理论值吻合良好，相对误差小（≤ ±5%），斜拉索受力合理。成桥状态下，株洲建宁大桥主桥主梁梁底标高实测值与理论值吻合良好，相对误差小（≤ ±40mm），小于规范的规定值（L/5000=48mm），主梁线形顺畅。成桥状态下，绝大部分应力（应变）测点的实测应力（应变）小于理论应力（应变），由于箱梁剪力滞效应的存在，也有部分测点的实测应力大于理论应力，但均在允许范围内，箱梁顶板或底板多个测点的应力平均值均小于理论应力。表明主梁应力处于安全状态，主梁结构受力符合设计要求，受力状况良好，主梁结构安全可靠。

综上，株洲建宁大桥主桥（斜拉桥）在成桥状态下，主梁线形流畅，斜拉索、主梁和主塔受力合理，桥体结构安全可靠。同时，也证明株洲建宁大桥主桥的施工控制思想先进严谨，监控方法科学，监控成果理想，主桥施工监控工作获得圆满成功。株洲建宁大桥主桥的结构验收荷载试验结论是：在等代试验荷载作用下，株洲建宁大桥主桥斜拉桥整体工作性能良好，处于弹性工作状态，结构刚度、承载能力满足设计要求；该桥可以开放交通。

四、科技进步，助力国奖

株洲建宁大桥（图 13.5）是长沙理工大学早期负责施工监控的独塔单索面大跨混凝土箱梁斜拉桥，是长沙理工大学第一次作为主持单位获得国家级科技进步二等奖的依托工程（图 13.6）。建宁大桥施工控制解决的主要技术问题有：

（1）优化调索方案。原设计调索方案为施工桥面铺装前后两次全面调索（62×2×2=248 次），经过施工控制的优化调整，确定的实际调索次数为 118 次，按每天调索 3 次计算，节省工期约 39 天，创造了良好的社会和经济效益。

（2）对梁段超重现象进行预警，使施工各方重视并解决梁段超重问题。在混凝土梁段施工前期，通过施工控制的测试及参数识别，发现混凝土梁段超重较严重，多次以文件的形式（“监控节段报”和给施工、业主的文件）向业主、施工单位和监理预警并提

图 13.5　建成后的照片

国家科学技术进步奖

证　书

为表彰国家科学技术进步奖获得者，特颁发此证书。

项目名称：混凝土桥梁施工期和使用期安全控制的关键技术

奖励等级：二等

获 奖 者：长沙理工大学

证书号：2006-J-221-2-08-D01

图 13.6　2006 年度国家科技进步二等奖“混凝土桥梁施工期和使用期安全控制的关键技术”获奖证书

出了处理建议。因此，在后续的施工过程中，施工各方足够重视，超重现象得到了有效的控制；施工方凿除了部分超重混凝土，同时，设计方也采纳了施工控制的部分建议，减少了部分二期恒载的重量。这对于保证施工和成桥的结构安全和线形意义重大。

（3）重大方案修改后的施工控制计算和方案论证。在主梁施工由 7m 节段挂篮浇筑改为 3.5m 节段挂篮浇筑后，及时进行了施工控制计算和方案论证，相应调整了施工监控方案，增加了监测的频率，确保了施工及其控制工作的顺利开展。同时，在施工过程中对“过辅助墩”和“合龙”等重大方案进行计算分析和论证，指导了施工，“过辅助墩”和“合龙”等重要工序均安全可靠。

五、结语

株洲建宁大桥是目前国内独塔单索面混凝土主梁斜拉桥中跨度最大的，相当于双塔 480m 跨度，技术难度大。李传习教授领衔的监控团队优化调索方案，大幅减少调索次数；及时发现混凝土超重现象，并采取了行之有效的应对措施和方案，确保了该桥顺利安全建成通车；而且在主梁施工发生重大变更后，及时进行了施工控制计算和方案论证，没有影响施工进度。该桥的技术成果助力长沙理工大学成功申报并获得第一个国家级科技进步二等奖。

第3篇

天堑贯通索承强，高新科技助攻关

本篇主要讲述长沙理工大学土木工程学院桥梁工程系韩艳教授、刘扬教授、颜东煌教授、李传习教授及其团队分别在牂牁江特大桥、赤水河红军大桥、河闪渡乌江大桥、桃花峪黄河大桥及平胜大桥所做的科研和监控工作。师生共同参与这些大桥的建设，不仅为学生的成长提供了重要平台，也为科研成果的孕育和推广提供了重要媒介。工程实践过程中积累的技术成果、宝贵经验和精神品格成为滋养长理学子的“营养剂”，彰显了可贵的“铺路石”精神。他们不断地进行桥梁技术创新、突破，弘扬中华民族的工匠精神，推动桥梁事业发展，激励着无数桥梁人乘风破浪、勇往直前，为实现桥梁强国的目标贡献智慧和力量。

第 14 章
一桥飞架，驭风而翔
——牂牁江大桥抗风课题研究纪实

牂牁江特大桥作为黔西地区高速公路的控制性工程，是纳晴高速的重要组成部分，大桥连接晴隆、普安、水城三个区县。纳晴高速的建成，加强了贵州西部地区南北向的交通联系，形成贵州与四川、广西间的快速通道，进一步为区域经济发展注入活力。由于该地区的季风和地形等因素造成极为恶劣的强风环境，牂牁江特大桥建设时的抗风设计显得尤为重要。长沙理工大学韩艳教授承担了牂牁江特大桥的抗风设计课题，带领科研团队进行抗风方案研究和风洞试验，助力牂牁江特大桥的顺利建设。

一、悬索渡江，横跨天险

牂牁江特大桥（图 14.1）是纳雍至兴义高速公路纳雍至晴隆段的一座控制性特大桥梁，是黔西地区的一条南北纵线，直接连通杭瑞高速、厦蓉高速和沪昆高速，构成了三条国家高速公路之间的联络线，是国高网新增路线纳雍至兴义公路的重要组成部分，是四川、黔西地区南下至云南、东盟和广西方向的长途过境交通要道。

图 14.1　贵州牂牁江特大桥效果图

牂牁江特大桥孔跨布置为 4×40m 预应力混凝土 T 梁 +1080m 双塔钢桁梁悬索桥 + 5×60m 预应力混凝土 T 梁，主缆跨度布置为（265+1080+435）m（图 14.2）。主桥结构形式为双塔钢桁梁悬索桥，主梁采用钢桁梁，桁高 7.5m，为华伦式桁架，下平联为 K 式桁架（图 14.3）。左右主桁中心间距为 28.5m，小节间长度 7.5m，大节间（即一个标准节段）长度 15m。桥面系为正交异性板桥面系。吊索纵向标准间距 15m。主缆跨中设置中央扣来形成缆梁固结。

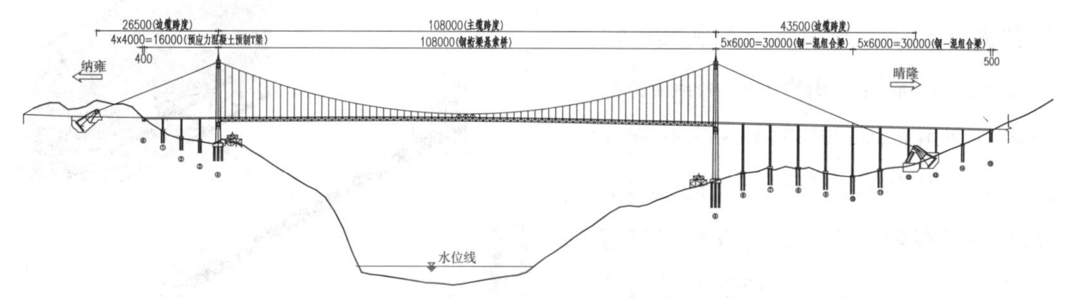

图 14.2　牂牁江特大桥桥型布置图（单位：cm）

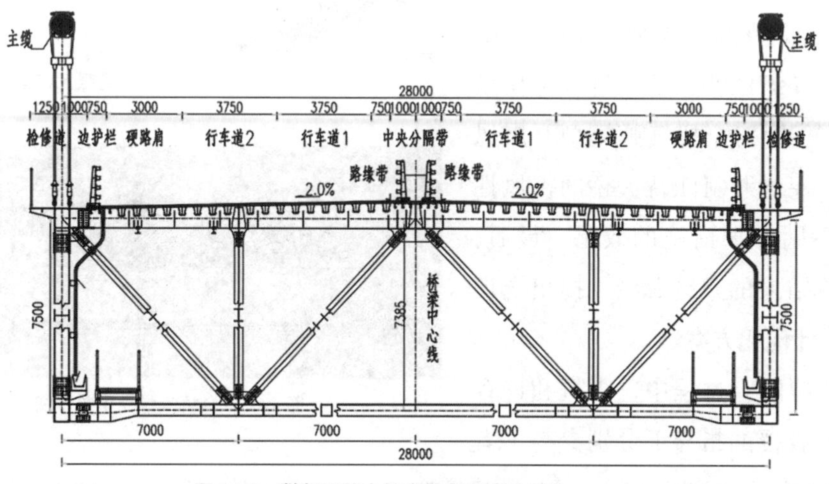

图 14.3　牂牁江特大桥主梁断面图（单位：mm）

牂牁江特大桥跨度较大，结构柔、阻尼低，故其对风的作用比较敏感，且桥位处于峡谷地带，峡谷风效应明显且风场较为复杂，基本风速较高。已有的研究及工程实践表明，钢桁梁悬索桥虽不易在低风速区发生涡激共振，但峡谷地形极易对主梁产生大攻角来流，对颤振稳定性极为不利。因此，处于峡谷复杂风场下的钢桁梁悬索桥的颤振稳定性问题必须重视。为确保牂牁江特大桥的结构抗风安全，韩艳教授团队承担了大桥的抗风性能研究课题。针对主跨为 1080m 双塔单跨钢桁梁悬索桥，采用节段模型风洞试验、全桥气动弹性风洞试验以及三维有限元分析等手段对大桥成桥及施工状态的颤振、涡激共振、随机抖振及静风稳定等抗风性能作出综合评价。

二、学以致用，无惧挑战

韩艳教授认为，研究生不仅需要扎实的理论基础和科研能力，还要勇于实践、敢于创新，不断提升综合能力。因此，她鼓励研究生积极参与试验，亲身体验科研的过程，并注重思考和积极探索，以提升发现问题和解决问题的能力。作为参与牂牁江特大桥抗风课题的研究生，李凯和许育升通过试验过程的锤炼，实现了自我成长。

试验团队组建后，李凯和许育升很快融入其中，与团队老师和其他研究生充分交流后，积极开展风洞试验。首先，利用有限元软件 ANSYS 建立牂牁江特大桥的有限元模型（图 14.4）。基于桥梁有限元模型，提取牂牁江特大桥的自振频率。分析桥梁的动力特性和受力特点，为制作牂牁江特大桥全桥气弹模型提供重要的参考。随后，制作牂牁江特大桥全桥气弹模型（图 14.5）。针对全桥气弹模型开展风洞试验，探讨牂牁江特大桥的抗风性能以及不同抑振措施的效果。最后，通过试验结果的归纳总结，提出合理的抗风设计优化方案。

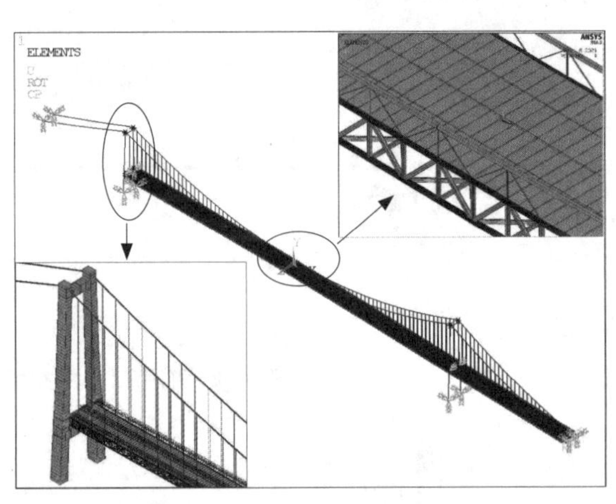

图 14.4　牂牁江特大桥有限元模型

图 14.5　全桥气弹模型整体图

在课题研究过程中，李凯和许育升在韩艳教授的指导下分别参与了有限元建模和风洞试验等工作，通过数值模拟和风洞试验对牂牁江特大桥的抗风性能进行了分析和优化，并和其他研究生一起提出了改善桥梁抗风性能的具体措施。

在进行有限元建模的过程中，许多难题先后出现。其中一个难题是如何选择构件单元，包括钢桁梁、桥面系、主缆、吊杆、桥塔等。有限元软件提供大量的单元类型，面对众多选项，李凯有些无所适从。他知道选择合适的构件单元对于描述桥梁的动力特性至关重要。为此，他花费大量的时间研究每个单元的特性，并与其他试验成员进行讨论。经过一番研究和讨论，李凯最终针对不同构件选择了合适的单元类型。然而，建立好桥梁模型后，在计算桥梁的自振频率时，他又遇到了问题。无论他如何调整参数，计算结果始终与实际存在差异。为此，他仔细研究有限元软件的使用手册，反复检查每个单元的设置，认真查看每一条命令流。同时，与韩艳教授进行多次讨论，探讨问题可能出现的地方。通过不断调试，最后成功获得较为合理的牂牁江特大桥自振频率。

全桥气弹模型风洞试验是用来测试桥梁结构的气动弹性响应。为了模拟原型结构的动力特性和响应，在气弹模型的设计中，需要模拟结构的几何外形尺寸，并反映结构与气流之间的相互作用。为此，除了满足外形的相似性，还需要满足刚度和质量参数的相似性条件。对于悬索桥而言，还需要满足重力参数的相似性要求。在开展全桥气弹模型试验中，也有不少难关需要攻克。在模型设计中，加劲梁、主缆、吊索、桥塔和支座等关键构件的参数需满足相似性条件。为了满足相似性要求，采用刚性骨架、外衣和配重的设计方法。刚性骨架用于模拟结构的刚度，外衣模拟结构的气动外形，而配重则模拟结构的质量特性。通过合理设计刚性骨架、外衣和配重，可以较好地模拟实际桥梁结构的气动弹性响应。然而，由于试验材料、模型安装等方面存在误差，全桥气弹模型的自振频率与有限元模型计算结果不一致，所以需要对模型频率进行调试。由于试验经验有限，许育升感到有些无从下手。通过与团队李春光老师、胡朋老师等进行交流，许育升整理思路，确定基本方向，与其他成员一起投入繁琐的调试工作中。每一次调试过后，他们检验模型频率的变化情况，然后拟定下一步的具体方向，为了指导桥梁设计，只能争分夺秒，深夜仍能看到他们在实验室奋斗的身影。最终，他们的汗水赢得了回报，模型频率满足要求，可以顺利开展试验。

综上所述，在牂牁江特大桥的抗风设计中，韩艳教授带领的科研团队通过深入研究和攻坚克难，为桥梁抗风安全提供了重要支撑。在韩艳教授的指导下，李凯和许育升作为参与课题的学生代表，积极开展研究，通过有限元建模和风洞试验，为牂牁江特大桥的抗风设计提供了理论和数据支持。面对研究中的各种困难和挑战，他们勤于思考和探索，将理论知识与具体试验相结合，最终屡克难关，为桥梁抗风提出了具体的建议。

三、不落窠臼，开拓创新

创新是科学研究中必不可少的能力，韩艳教授一直鼓励学生大胆思考，勇于创新。参与牂牁江特大桥抗风设计加深了许育升对桥梁抗风理论的理解，加强了理论知识与实践相结合的能力。他通过开展数值模拟和风洞试验，总结相关经验，对桥梁抑振措施有了新的思考。当时正值“互联网 +”创新创业大赛举办，许育升决定联合其他同学参与其中，组队进行创新项目的研发。

在开展数值模拟和风洞试验过程中，他们发现传统的桥梁抑振措施存在一些问题，现有的抗风方案在实时多模态涡振控制和除湿方面仍然存在一定的不足。为此，他们决定结合智能技术，探讨新型的抗风方案。经过数周的设计和分析，许育升和团队成员一起提出初步方案。然而，部分细节仍需进一步完善。在尝试了各种方法后，仍然无法获得令人满意的结果。创新项目一度陷入停滞不前的状态。为此，他的自信心受到打击，开始担心自己是否有能力接受挑战。

韩艳教授了解情况后，详细询问了项目进展，与许育升进行深入交流。她语重心长地告诉许育升，困难不可怕，在科学研究的路上，免不了一个又一个难关。我们要有迎难而上的勇气和攻坚克难的信念。除了积极鼓励外，韩艳教授还为创新团队提供了一系列的讲座和指导课程，旨在让他们更深入地了解创新的过程和方法。这些讲座和指导课程拓宽了团队的思路，促进他们进一步理解创新的内涵，理解如何将架构理论应用到实践，为他们解决瓶颈问题指引了方向。这些讲座和指导课程让团队成员受到启发，学到了很多关于创新的技巧和方法，重新点燃了解决问题的激情，并继续投入方案的完善之中。最终，在反复修改后，他们提交了自己的作品——“多模态涡振实时动态抑制系统”（图 14.6）。该系统利用风洞试验的有限数据和数值模拟技术，得到流动控制的最优方案，将主梁主动流动控制与除湿系统相结合，利用智能控制技术来同时解决钢箱梁桥主梁的实时多模态涡振控制问题和除湿问题。

这一设计方案得到了韩艳教授的高度认可，她认为这是一种非常具有应用价值的技术，可以为桥梁抗风设计的发展提供新的路径，对团队成果的创新性和前瞻性表示赞赏。突破创新项目中的难题后，许育升也重新获得了自信，他意识到只要有正确的指导和方法，勇于挑战自我，任何困难都没有想象中那么坚不可摧。经过激烈的角逐后，许育升所在团队的创新设计作品获得了湖南省“互联网 +”大赛二等奖（图 14.7、图 14.8、图 14.9）。这个成果不仅为学生们带来了荣誉，也为韩艳教授的教学成果和科研成果增添了新的光彩。

另一方面，李凯在进行风洞试验过程中偶然发现桥梁模型出现了以往没有见过的振动形态，振动十分规律且强烈。他对这种桥梁振动十分好奇，在查阅文献后也还是一知半解。与韩艳教授交流后，李凯得知这是一种与目前常见的桥梁“硬”颤振形式不同

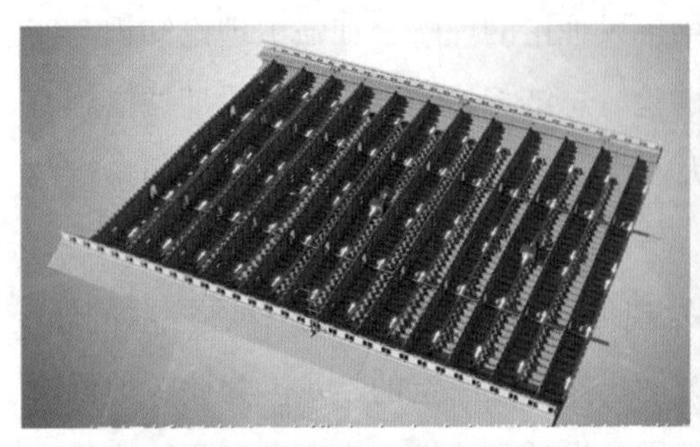

图 14.6 多模态涡振实时动态抑制系统

图 14.7 湖南省“互联网 +”大赛参赛合照

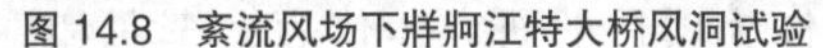

图 14.8 紊流风场下牂牁江特大桥风洞试验

图 14.9 湖南省“互联网 +”大赛参赛报告

的振动形态，通常被称为“软”颤振，学术界的研究还相对较少。通过试验发现，不同于会发散的“硬”颤振，“软”颤振并不会立即发散，因此不会导致桥梁迅速破坏。李凯意识到这或许是桥梁十分重要的风致振动形式，甚至可能会带动桥梁抗风设计的新发展，他对“软”颤振产生了浓厚的兴趣。

鉴于牂牁江特大桥这种可能会出现“软”颤振现象的桥梁断面较为少见，李凯萌生了针对该桥深入开展“软”颤振试验的想法。然而，当时试验条件有限，缺乏试验所需要的设备。韩艳教授得知后，积极支持李凯的研究，帮他解决了试验设备问题，资助他去大连开展风洞试验（图 14.10）。当时天气严寒，试验过程中，他手上长满了冻疮，但他不畏艰难，最终得到了丰富的试验数据，并基于这些数据发表了多篇高水平论文。

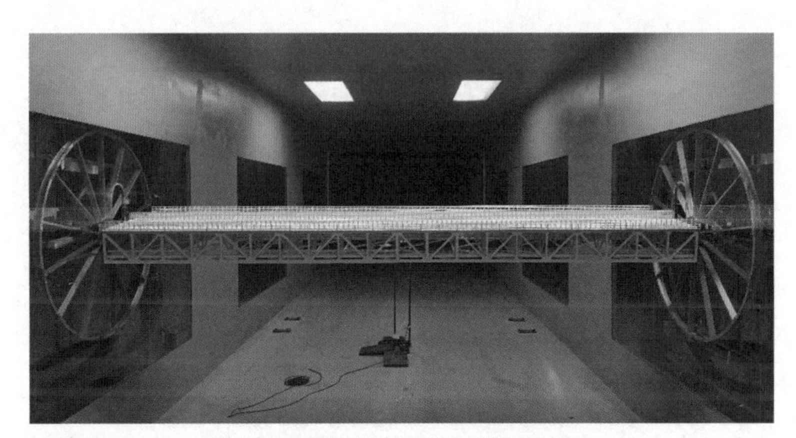

图 14.10 牂牁江特大桥节段模型风洞试验

看到团队新生力量的成长，韩艳教授感到非常欣慰。他们展现出的凝聚力和创造力让她非常感动。她认识到这些年轻人身上充满潜力，也对他们的未来满怀期望。韩艳教授希望能够激发更多的学生投身到科技创新中，为推动国家的科技发展贡献自己的力量。这些成果不仅是学生们的个人成就，也展现了韩艳教授在培养学生创新能力方面的用心和细心。作为教育工作者，韩艳教授希望他们再接再厉，在今后的学习和工作中不断突破自我，不断迈向新的台阶，为社会的进步和发展作出积极的贡献。

四、结语

牂牁江特大桥的抗风课题研究，不仅为牂牁江特大桥的建设提供了重要的技术支撑，也为韩艳教授团队培养了优秀的人才。作为项目的研究生代表，李凯和许育升不仅锻炼了自己的实践能力和创新能力，为学术研究打下了坚实的基础，而且自觉践行了“底色亮、实践强，善创新、敢担当”的长理精神。科研成果和人才培养是相辅相成的。韩艳教授团队通过培养和指导学生参与实践，不仅为学生的成长提供了机会，也为科研成果的孕育和推广提供了媒介。

第15章
首座红军大桥，传承红色基因
——赤水河红军大桥施工监控纪实

位于川黔交界处的江习古高速公路赤水河红军大桥是一座山区峡谷钢桁梁悬索桥，总长2009m，主跨1200m，桥高315m，主塔高243.5m，索塔采用门式框架混凝土结构，索塔与赤水河的垂直高度达503.5m，造就了山区悬索桥中的世界第一高塔和世界第二大主跨，赤水河红军大桥也是我国第一座以“红军”命名的大桥。长沙理工大学刘扬教授及其课题组十余名硕、博士研究生承担了赤水河红军大桥的施工监控任务，确保桥梁成桥结构安全可靠。

一、赤水河红军大桥简介

赤水河红军大桥位于四川、贵州交界川黔大通道古蔺至习水段高速公路上，连接泸州市古蔺县和遵义市习水县，横跨赤水河。赤水河红军大桥是一座主桥为325m+1200m+205m的双塔单跨吊钢桁梁悬索桥，主塔高243.5m，贵州岸锚碇为重力锚，四川岸为隧道锚（图15.1）。赤水河红军大桥是中国川黔交界的过河通道，位于赤水河水道之上，是古蔺至习水段高速公路的重点控制性工程，连接川黔两地的重要通道之一（图15.2、图15.3）。

赤水河红军大桥位于川黔交界的乌蒙山区和中国工农红军“四渡赤水”的革命老区，屹立在壁立直行、挺拔千仞的喀斯特熔岩地貌峡谷之上，是世界上山区同类型钢桁梁悬索桥梁中第一高塔、第二大跨的峡谷大桥。赤水河红军大桥的建成为四川新增了一

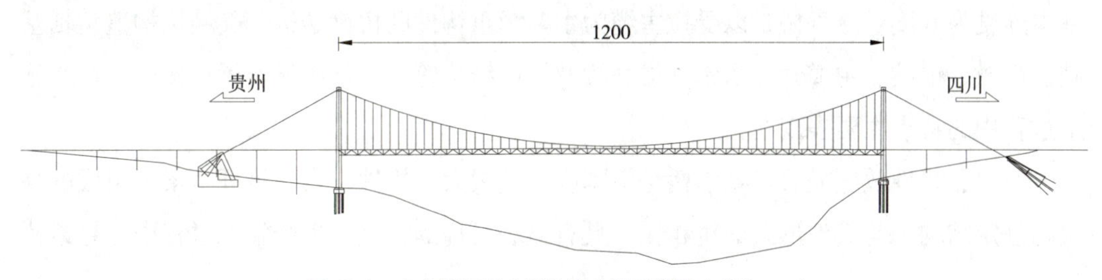

图15.1　赤水河红军大桥总体布置示意图（单位：m）

图 15.2　施工中的赤水河红军大桥

图 15.3　空中俯瞰赤水河红军大桥

条南向出川大通道，促进了成都、贵州、重庆、珠三角、北部湾出海走廊的形成和完善，同时进一步完善了区域路网，有效降低了区域物流成本，增强了川南、黔北、渝西等地的经济联系，促进了区域经济发展，并将有力带动红色旅游业发展。

赤水河红军大桥设计荷载等级为公路一级，双向四车道，设计时速 80km/h；桥面宽度 24.5m；桥面设置双向 2% 的横坡，最大纵坡为 <5%；设计风速为 27.2m/s，地震基本烈度为 6 度。悬索桥是以受拉主缆为主要承重构件的桥梁结构，其结构构造包括基础、塔墩、锚碇、主缆索、吊索、加劲梁及桥面结构等。与传统悬索桥相比，该桥在施工过程中的特点主要表现在：

（1）非线性效应显著。悬索桥是由刚度相差很大的构件（索、吊杆、梁）组成的高次超静定结构，与其他形式的桥相比，具有显著可挠的特点，整个施工过程中，悬索桥结构的几何形状变化较大；受主缆的初始内力等非线性效应的综合影响，结构几何形状较难控制和管理，容易产生各种施工误差，对此应予以重点关注。

（2）塔身上下横梁间距大。岸侧索塔上下横梁之间的距离较大，未封顶前索塔施工过程中塔肢自由悬臂段长度过大，在塔身内倾角、施工荷载、风荷载等其他不利荷载的影响下，对索塔塔肢的变形、稳定性及安全性的控制提出了更高的要求。

（3）重力锚与隧道锚。锚碇是悬索桥的重要承载结构，其安全性和稳定性对工程的成败有着至关重要的影响，该桥一侧采用了重力式锚，一侧采用了隧道锚。重力式锚是一种常见的锚碇，业界对此积累了丰富的设计、施工及监控经验，但该桥的隧道锚较为特殊，其下侧为同线路的公路隧道，二者相对距离较近，开挖进洞时间也基本相同，鉴于此种情形，应重点加强对隧道锚碇的施工监控，确保施工质量、进度及安全。此外，隧道锚碇的监控与主桥其他各部分的监控工作密切相关，事关整体监控工作的连续性及完整性，各参建单位对此应予以高度关注。

（4）主索鞍与散索鞍预偏。赤水河红军大桥主桥主缆跨度布置为 1200m，两岸均设置门式索塔，主缆通过散索鞍过渡，贵州岸为重力式锚碇，四川岸为隧道式锚碇；两侧索鞍设置形式的不对称将增大该桥的主索鞍与散索鞍预偏量的控制难度，也增加了施工过程中的顶推难度，对此应予以特别关注。

（5）钢桁加劲梁的制作与安装。本桥加劲梁为钢桁加劲梁，各组成部件均为钢构件，整个桁架结构均需通过螺栓连接形成整体，栓接构件对螺孔尺寸及精度要求十分高，且钢构件对温度效应十分敏感，制作的误差和安装环境温差效应将对结构产生明显的次内力；加劲梁吊装施工过程中，各相邻梁段固结时机的选择也将对加劲梁的受力产生较大的影响，此外由于各梁段之间的栓接部位易出现疲劳或应力集中，对类似该处的梁段各部分应力应给予重点控制。

二、传承红色基因，建造一流工程

1935 年 1 月，中央红军通过“四渡赤水”成功摆脱了国民党四十万大军的围追堵截，踏上了北上抗日征途。在红军“四渡赤水”革命老区，修建赤水河红军大桥，既给川黔两岸的老百姓提供了便利的交通，也是赓续红色血脉、传承红色基因的重要举措。

赤水河红军大桥的特殊性，在于它是江习古高速公路的控制性工程，是连接川黔两地的重要通道，是西南地区的重要门户。在赤水河红军大桥一侧的观景台上，能看到桥塔上的“红军”二字，这是红军“四渡赤水”的所在地，也是国内第一座以“红军”命名的大桥（图 15.4）。

图 15.4　赤水河红军大桥桥名照片

三、克服重重困难，发扬“铺路石”精神

江习古高速自然环境恶劣，地势险峻，被称作天梯高速、云端上的高速公路。桥梁施工期线形、应力等参数的控制精度直接关系到桥梁结构安全。2017 年 6 月，刘扬教授带领研究生来到赤水河红军大桥进行桥梁施工线形控制与应力监测。他们冒着酷暑，背着测试仪器与传感器爬上墩顶，监测桥梁施工期的温度、线形与应力等关键数据，确保桥梁顺利合龙（图 15.5、图 15.6）。

四、结语

“四渡赤水”是中国共产党人百折不挠、奋勇抗争的真实写照，是中国共产党百年奋斗史上一座巍峨的丰碑。“四渡赤水”孕育了“四渡赤水”精神，这一精神内嵌于伟大的长征精神之中，是中国共产党精神谱系的重要组成部分。长征精神是支撑中国共产

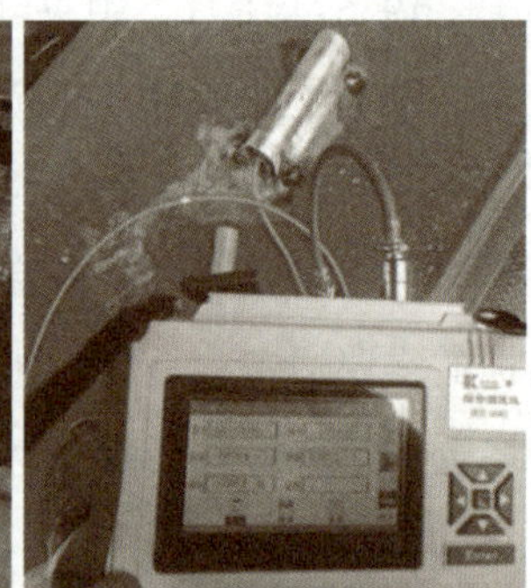

图 15.5　桥梁应力监测传感器及现场测试照片

图 15.6　赤水河红军大桥施工监控照片

党战胜困难走向胜利的重要法宝。助力赤水河红军大桥的建设也彰显出长理学子脚踏实地、艰苦奋斗、乐于奉献、锐意进取的“铺路石”精神。长理师生用激情、用理想、用知识铸就着可贵的“铺路石”精神，用忠诚，用青春，用一生践行并维护着“铺路石”精神。

第16章

横卧乌江矗山间，闪渡湄石天险路——河闪渡乌江大桥施工控制纪实

河闪渡乌江大桥是《贵州省综合交通运输“十三五”发展规划》重点实施的湄潭至石阡高速公路项目控制性工程，大桥建设对优化贵州省内高速交通网络结构具有重要的作用。河闪渡乌江大桥的建设，离不开优秀的桥梁工程师和技术人员的支持。冬去春来，日复一日，长沙理工大学颜东煌教授及其团队迎难而上，砥砺前行，默默无闻地奉献自己，三年的时间里，他们的足迹遍布全桥，用精准的计算为大桥建设保驾护航，同大桥一起成长，并不断积累经验，增长才干，为长沙理工大学桥梁工程学科建设贡献了智慧和力量。

一、古渡口上的乌江大桥

河闪渡乌江大桥（图 16.1）位于遵义市凤冈县和铜仁市石阡县交界位置处，横跨乌江两岸，其上游不远处为秦置夜郎郡的古渡口。大桥全长 2000m，是一座主跨 680m 的单跨钢桁梁悬索桥，成桥状态下中跨矢跨比为 1/10，凤冈岸主塔最大高度 153m，石阡岸主塔最大高度 96m，主缆横向间距 27m，双向四车道设计，全桥共布置 102 根吊索，纵向标准间距 13m（图 16.2），主梁采用钢桁梁，铺以正交异性桥面板，此桥 2018 年开工建设，2021 年建成通车。

图 16.1　河闪渡乌江大桥实景

二、培养工匠精神的桥梁先锋

河闪渡乌江大桥建设过程中，颜东煌教授既是项目负责人，也是实践教育的引领者，他不仅精益求精，攻坚克难，注重项目的顺利推进，还将自己宝贵的经验和技术毫无保留地传承给团队老师，以工匠精神严格要求、培养了长沙理工大学桥梁英才——许

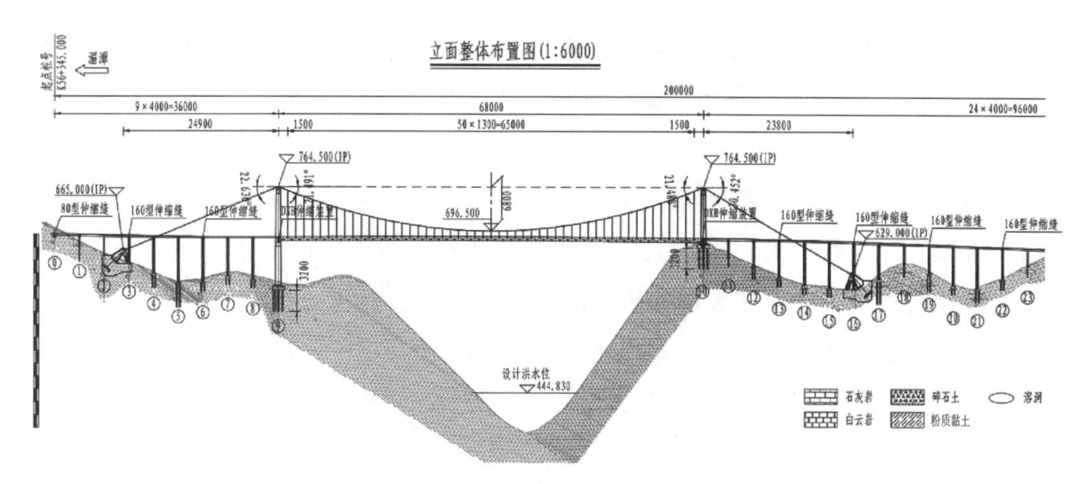

图 16.2　河闪渡乌江大桥立面布置图（单位：cm）

红胜老师和潘权老师。

河闪渡乌江大桥施工监控过程中，许红胜老师担任项目技术负责人，经常与同事们展开技术分析会议，进行有关问题的探讨（图 16.3），工作内容包括但不限于根据设计图纸建立有限元分析模型、编写施工监控技术方案和阶段性总结报告等。由于河闪渡乌江大桥的施工过程复杂，为保证桥梁结构体系的安全，必须时刻关注现场的实际情况，采用合理的方法来模拟计算施工过程中每一阶段的结构受力和变形，让各施工工况和最终成桥的受力和线形满足设计和规范的要求。“作为一名技术负责人，主导技术和攻坚克难是最基本的‘家常菜’，更需要心怀工程匠心，迎难而上。”这是许红胜老师常常说的话。

潘权老师作为项目现场负责人，主要工作是现场协调和管理、现场监测和驻地建设等，经常在现场与同事们讨论监测数据有关的问题（图 16.4）。桥梁建设过程中，潘权老师用无数个日日夜夜，一步一个脚印，向我们诠释了现场工作“事无巨细”的真正内

图 16.3　许红胜老师主持技术分析会议

图 16.4　潘权老师（左 2）和同事在讨论监测数据

涵。正是因为潘权老师严格把关和准确识别监测数据，保证了桥梁施工过程中结构受力和线形的控制（图 16.5），使得成桥达到了预期效果。工地上三年如一日，潘权老师将辛勤的汗水挥洒在大桥建设中。他说，成此之桥，有幸参与，此生无憾。

由于河闪渡乌江大桥施工监控的复杂性，为正确模拟施工过程中的结构力学行为，精准地完成监控工作，团队成员分别采用颜东煌教授编制的 BDCMS 程序和有限元软件 Midas Civil 建立河闪渡乌江大桥的仿真模型（图 16.6），对比分析，相互复核、验证，精准进行桥梁施工监控。最终在颜东煌教授团队与其他参建各方的共同努力下，河闪渡乌江大桥顺利合龙，且误差满足设计规范要求（图 16.7）。

图 16.5 河闪渡乌江大桥的主缆施工

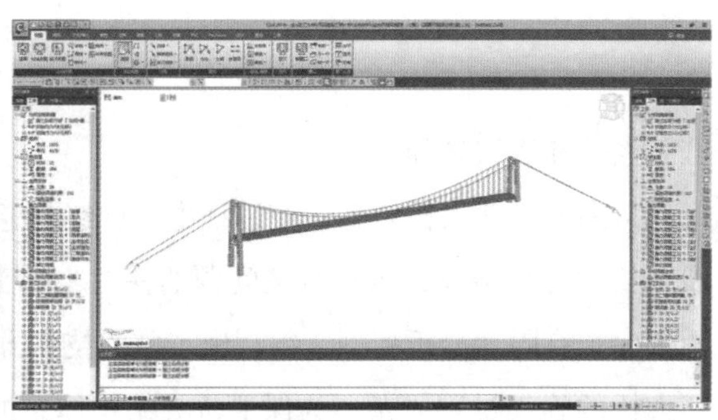

图 16.6 河闪渡乌江大桥有限元模型

颜东煌教授的教育理念开放包容、注重实践、培养工程匠心。在颜东煌教授耐心且细心的指导下，团队成员深刻理解了特大桥施工监控的重要性和风险性，在桥梁建设的过程中严格要求，形成了严谨的工作作风，拥有了扎实的技能技巧。许红胜老师和潘权老师不断学习和实践，逐渐成长为桥梁领域的专家，他们的成长历程不仅体现了团队老师的培养理念和工作成效，也展现了颜东煌教授团队优秀工程人才的必备素质和特点——以工匠精神为工程保驾护航。

图 16.7 河闪渡乌江大桥合龙现场（袁明老师第一排左一、颜东煌教授第一排左二、潘权老师第一排左三、许红胜老师右一）

三、以己之智攻子之难

颜东煌教授及其团队参与了国内多座斜拉桥、悬索桥、拱桥的施工监控工作，如北盘江大桥、荆岳长江大桥、九江长江公路大桥、棋盘洲大桥、贵州总溪河大桥及大小井大桥等，通过这些桥梁的监控工作，颜东煌教授及其团队成员在实践中遇到问题、分析问题、解决问题，取得了突出成绩。

河闪渡乌江大桥的二期施工过程中，现场实际施工并未完全按照施工方案进行，无法参考预先做好的计算分析，只能重新计算，且施工单位提出了节段钢桁梁之间采用两两刚接、大段设铰的施工方案，不采用桥面二恒等代压重。这是一个任务紧、要求精度高、无比艰巨的任务。

在颜东煌教授带领下，团队成员积极开展相应的工作，根据实际情况，与施工单位沟通对接，进行了大量的仿真分析计算，以结构安全为要求，提出了最佳的施工方案，并成功运用于后续的施工中，效果良好（图 16.8、图 16.9、图 16.10）。该方案在保证结构受力安全的前提下，为项目节省了主梁的施工工期和施工成本，赢得了建设单位和施工单位的一致好评。

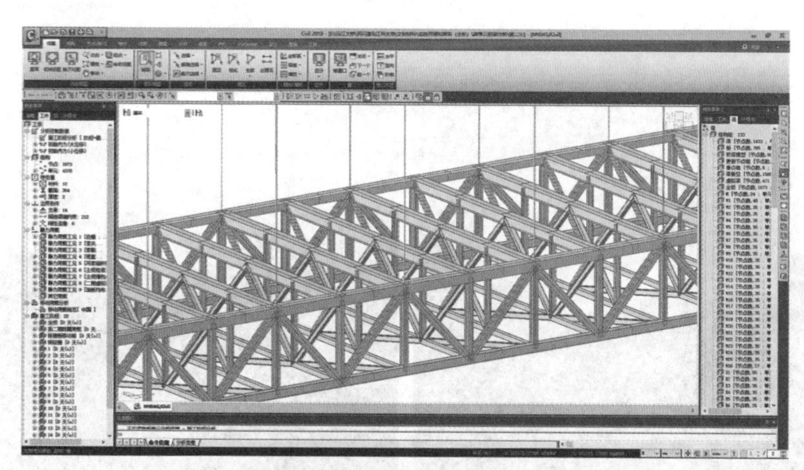

图 16.8　河闪渡乌江大桥节段主梁施工仿真分析

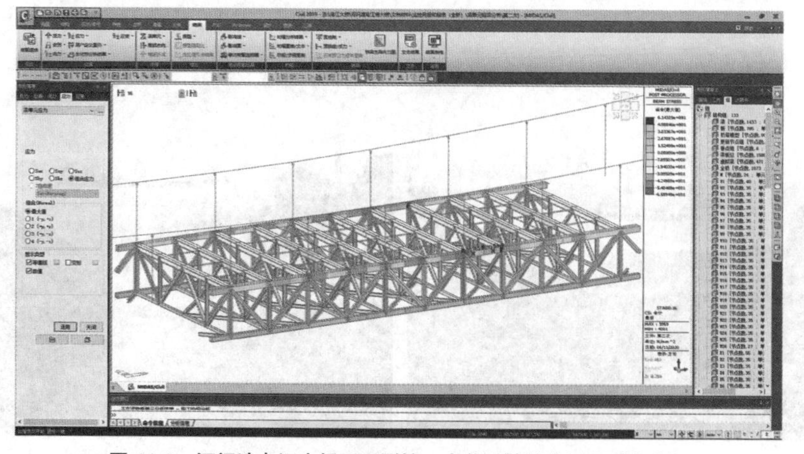

图 16.9　河闪渡乌江大桥两两刚接、大段设铰的有限元受力分析

四、回首沧桑，亦尽是丰碑

图 16.10　河闪渡乌江大桥设铰方案的直接运用

工程有起始，亦有终期，这句话道尽了工程的沧桑，也彰显了无数的丰碑。2018 年，团队成员来到桥址处，放眼望去尽是山峦，山上本没有路，建的桥多了也就成了路。河闪渡乌江大桥未建之前，当地交通极不便利，去湄潭需翻越一座大山，没有隧道，也没有笔直的公路，仅有一条曲曲折折的盘山路，走下来需耗时半天，河闪渡乌江大桥的建立极为重要。从河闪渡乌江大桥吊装第一片梁开始至大桥吊装完成，不仅仅体现了团队成员的智慧，也彰显着我们工程人逢山开路、遇水架桥的使命感（图 16.11~ 图 16.16）。

图 16.11　河闪渡乌江大桥吊装第 1 片梁

图 16.12　河闪渡乌江大桥吊装第 5 片梁

图 16.13　河闪渡乌江大桥吊装第 11 片梁

图 16.14　河闪渡乌江大桥吊装第 27 片梁

图 16.15　河闪渡乌江大桥吊装第 42 片梁

图 16.16　河闪渡乌江大桥吊装完成

随着百米索塔一步步修建，为控制裸塔受力，团队成员长时间在工地与驻地之间奔波，只为采集到第一手数据。在两岸主缆架设的关键时刻，为控制环境温度的影响，团队选择昼伏夜出，连续三天从晚上 9 点工作至早上 6 点，只为达到精准施工控制的目的。为控制桥梁整体的结构受力，吊梁节段施工前后团队成员忙碌在乌江两岸，用全站仪采集了一个又一个的索塔偏位，主梁一段又一段吊装完成。办公室内灯火依旧，通宵达旦，团队成员持续地敲击着电脑的键盘，一步一步准确地完成了全桥的计算分析。河闪渡乌江大桥就这样从无到有，与团队成员一起成长。

经过颜东煌教授及其团队成员不懈努力，河闪渡乌江大桥施工监控工作顺利结束。2021 年，河闪渡乌江大桥迎来了成桥后的第一缕阳光（图 16.17），站在山峦之上观望，宛如一条红龙横卧乌江两岸（图 16.18）。回首沧桑，这是一份属于团队的荣耀，亦是一份不朽的丰碑。大桥顺利通车，从此山路不再，颜东煌教授团队用自己的智慧和汗水，诠释着他们独有的一份匠心，为贵州人民递上了一份署名长理人的满意答卷。

图 16.17　河闪渡乌江大桥迎来了成桥后第一缕阳光

图 16.18　河闪渡乌江大桥宛如一条红龙

五、结语

通过大量的工程建设实践，颜东煌教授及其团队以“功成不必在我，功成必定有我”的团队协作力量，弘扬中华民族的工匠精神，不断地进行创新、突破。工程有起始，亦有终期，但工匠精神却是一代又一代地传承。不朽的工匠精神让祖国的山河间涌现出无数的伟大工程，持续的传承让工程界的接班人一代更比一代强。长理桥梁人不会止步于此，我们借助河闪渡乌江大桥的实践经验，积极转换思路，创新方法，扬起更大的船帆去往最需要我们的地方，奉献智慧，实现梦想。

第17章

长桥飞架通南北，黄河奔流入胸怀
——桃花峪黄河大桥施工控制纪实

河南郑州境内的桃花峪黄河大桥是河南省“十一五”期间的重点项目，主桥为三跨自锚式悬索结构，跨径布置为160m+406m+160m，为当时世界最大跨度的全钢梁平面主缆自锚式悬索桥。建设过程中，配置资源合理，施工管理科学，取得了多项国内和国际第一的突破，获得了多个重要的奖项和荣誉，成为中国桥梁工程界的亮点，并为未来的交通建设提供了宝贵的经验和启示。在建设过程中，李传习教授及其团队作出了贡献，取得了多项创新成果，积累了宝贵经验，展现出长理人脚踏实地、艰苦奋斗、乐于奉献、锐意进取的精神风貌，也展现出卓越的工程技术能力。

一、桃花峪黄河大桥简介

桃花峪黄河大桥（图17.1）于2010年3月开工建设；2011年9月4日，主桥施工方案通过安全风险评估；2012年10月30日，主桥合龙；2013年9月27日，正式通车。该桥是武陟至西峡高速公路的起点段，位于河南省郑州市和焦作市之间，南起郑州市西南绕城高速公路（国家高速G3001）军扬枢纽，北接晋城－新乡高速公路牛庄枢纽（豫高速S86），线路全长28.6km，大桥全长7703m，桥面为双向六车道。该桥连接郑州市与焦作市，形成郑州市北部环线，为当地提供更便捷的交通条件，极大地提高了黄河两岸的交通运输能力和综合服务水平，对促进黄河两岸经济社会发展具有重要的意义。

桃花峪黄河大桥由主桥、南汊大桥、北汊大桥、桃花峪隧道、南北引线和两座门式桥塔组成，主桥路段呈南北向布置。该桥主桥为三跨自锚式悬索结构，跨径布置为（160+406+160）=726m，为当时世界最大跨度的全钢梁平面主缆自锚式悬索桥。加劲梁采用流线形整体钢箱梁，梁宽39m，主缆采用高强镀锌钢丝预制平行索股。每根主缆有37根索股（37–127ϕ5.3mm），中跨矢跨比为1/5.8。吊杆基本间距为13.5m。两个边跨分别设置10对吊杆，中跨设置29对吊杆。吊杆采用钢丝吊索，上端为销接式连接，下端为承压式连接。桥塔为门式混凝土结构，包括上、下塔柱和上、下横梁。塔柱为单箱单室截面；上横梁为倒梯形截面；桥塔墩承台采用分离式，承台间采用系梁连接；基础为钻孔桩基础。

图 17.1 桃花峪黄河大桥

桃花峪黄河大桥的主塔高达 136.06m，主缆跨度达到 726m，在该桥建设过程中，主缆的强度和线形是确保桥梁安全性和耐久性的前提，因此主缆索股的架设精度及主缆的张力均匀性是该工程的难点。此外，锁夹作为悬索桥的重要构件之一，其初始安装位置以及后续体系转换直接影响着桥梁的整体结构稳定性。同时，桥位处地质情况十分复杂，主要表现为软弱砂层、半成岩、岩层等地层错综分布，其分布标高不同，这意味着在建设过程中需要针对不同的地质情况采取不同的施工措施，以确保桥梁的安全性和可靠性。

桃花峪黄河大桥的基础建设也是一个极大的挑战，主塔的桩基达到 70 根，其中最大钻深达 110.7m，成为黄河流域最大规模的群桩基础之一，在桩基建设中，需要克服复杂的地质条件、恶劣的施工环境等诸多困难。为了应对这些挑战，工程团队进行了全面的前期调查和设计，制定了详细的施工方案，并采用先进的建设技术和设备。同时，合理配置资源，科学施工管理，确保工程顺利进行。在建设过程中，严格遵守相关的安全标准和规范，充分考虑自然环境对桥梁的影响，确保桥梁的结构稳定性和耐久性。通过科学规划、精心设计和高效施工，确保该桥的安全、稳定。工程团队在建设工艺和管理层面均取得了引人注目的成就，成为中国桥梁工程界的亮点，为未来的交通建设提供了宝贵的经验和启示，也体现了河南省在交通建设领域的先进水平。

二、精研方案，成功中标

桃花峪黄河大桥施工监控方案招标阶段，李传习教授团队一方面要面对复杂技术难题的挑战，一方面要面对其他竞标者的竞争压力，但李传习教授毫不畏惧，知难而进，带领团队精心编制施工监控方案。李传习教授团队为了确保结构的安全性和功能要求，采取了一系列创新的方法和措施。首先，他们进行了施工前构件无应力尺寸的计算。这项工作旨在通过准确计算构件的尺寸，确保施工过程中构件的安装和连接符合设计要求。其次，监控团队利用先进的技术和设备来识别施工误差和结构参数误差。他们使用高精度的测量工具和传感器对施工现场进行实时监测，通过建立完善的数据分析和处理系统，将采集到的数据与设计参数进行比对和分析，及时发现并识别任何偏差或误差，并提出相应的调整建议。他们利用先进的计算方法和模拟技术，对结构的受力和线形进行评估和预测。基于这些分析结果，他们能够提供施工过程的控制数据及建议，以确保结构在施工过程中的安全性和成桥后的性能符合设计要求。

李传习教授团队提出的施工监控方案不仅具备高效的施工控制精度和高质量的管理手段，还提供了全面的安全监测和预警系统。其不仅考虑了工程的安全性和可行性，还考虑了环境保护和节能减排等因素，为桃花峪黄河大桥的建设奠定了坚实的基础，为大桥未来的管理和养护提供了可靠的保障。在最终的施工方案决策会上，李传习教授团队的施工监控方案获得了建设单位的高度评价，经过严格的评估和比较，李传习教授团队的施工方案脱颖而出，成功中标。

图 17.2　现场人员进行主塔应变及钢箱梁应变测试

三、精密监控，严格把关

为确保大桥高质量建成，李传习教授带领监控团队常驻施工现场，风餐露宿，经常进行 24h 轮班工作。他们与施工人员紧密合作，及时调整监控设备的位置和参数，精密测量，以最大限度地捕捉施工现场的关键信息，保证施工过程的可视化和可控性。通过对主塔、箱梁以及其他构件的应变监测（图 17.2），及时反馈信息以确保施工过程的连续性和准确性。李传习教授团队对施工的各个环节，尤其是主塔施工、钢箱梁顶推、主缆架设及紧缆等关键环节（图 17.3、图 17.4）严格把关，寸步不离，一丝不苟，不放过任何一个疑点，及时发现问题并提供专业指导，妥善解决问题。

图 17.3　主塔施工及钢箱梁顶推

主桥的成桥荷载试验（图 17.5）涉及测量监测、安全控制以及数据分析与评估等多个挑战。李传习教授团队毫不退缩，精心组织和安排试验工作，制定详细的时间表，协

图 17.4　主缆架设及紧缆

调设备和人员，确保试验按计划有序进行。他们全面控制试验过程，严格遵守安全操作规程，并采取必要的预防措施来确保试验人员和设备的安全。对潜在风险和突发事件保持高度警惕，确保试验的安全进行。运用先进的测量设备和传感器对桥梁结构进行实时监测和数据采集，以确保试验数据的准确性和可靠性。通过对大量试验数据的分析，李传习教授团队得出了重要的结论：桃花峪黄河大桥主桥的桥梁结构整体受力性能良好，达到设计及相应规范的要求，具备足够的安全储备。

图 17.5　现场人员进行脉动试验

李传习教授团队的辛勤付出为桃花峪黄河大桥的成功建设提供了重要支持，展现了他们在桥梁工程领域的专业能力和奉献精神。他们克服了困难和挑战，通过精密的试验工作和可靠的数据分析，为工程的建设和运营提供了有力的技术支持和保障。在本项目工作过程中，李传习教授团队在“通过合理利用监控技术提高施工效率和质量”方面积累了宝贵经验。他们的工作不仅为本桥的成功建设作出了突出贡献，为未来类似桥梁的施工监控工作提供了有益的经验和启示，也为桥梁工程的设计和建设提供了宝贵的经验和指导。

四、团结协作，勇于创新

在桃花峪黄河大桥主桥的施工过程中，李传习教授团队与建设单位人员紧密合作，保持密切的沟通和信息共享，根据实际情况进行必要的调整和改进，实时解决问题，始终将安全放在首位，确保施工过程的安全可控性。通过各方共同努力和专家的评估，李传习教授团队的施工监控方案成功实施，并为桃花峪黄河大桥的建设提供了可靠的技术支持。

在大桥的建设过程中，李传习教授团队的老师、学生和现场施工人员尽管来自不同的专业背景，拥有各自的专业知识和技能，但在面对共同的目标时，他们没有分彼此，而是共同致力于更好地进行桥梁的施工监测，展现出了令人钦佩的合作精神。李传习教授团队成员与施工人员一起，不论酷暑还是寒冬，始终并肩战斗。他们共同面对挑战，共同解决问题，共同提高施工质量，共同保障施工安全。他们相互尊重，充分发挥各自的专业优势，形成了一个紧密的集体，建立起了深厚的信任和友谊。他们共同追求卓越，不断创新，为桥梁建设行业树立了榜样。

五、结语

桃花峪黄河大桥的竣工不仅使焦作市至郑州市的行车距离缩短了 30km 以上，也将黄河风景名胜区、云台山风景区、嵩山风景区、尧山风景区以及伏牛山风景区连接成为一个黄金旅游通道，对促进黄河两岸经济社会发展具有重大意义。该桥在建设工艺上也取得了多项国内和国际第一的突破，获得了多个重要的奖项和荣誉，如 2013 年度公路水运建设“平安工程”奖、2018~2019 年度“李春奖”以及 2020~2021 年度第一批“国家优质工程奖”。在该桥建设过程中，李传习教授团队取得了多项创新成果，积累了诸多宝贵经验，发扬了脚踏实地、艰苦奋斗、乐于奉献、锐意进取的“铺路石”精神和“底色亮、实践强、善创新、敢担当”的长理特质，为推动桥梁事业发展贡献了长理力量。

第18章

独塔自锚悬索，科技美景并存
——佛山平胜大桥施工控制纪实

佛山平胜大桥为独塔单跨四索面自锚式悬索结构，大桥设计巧妙新颖，造型雄伟壮观，主塔采用独特的三柱式结构，主梁采用分离式混合加劲双主梁，结合四索面悬吊支撑，降低了超宽桥面自锚式悬索桥的施工难度，节省了建设投资，实现了景观艺术与结构艺术的完美融合。在长沙理工大学李传习教授及其团队与参建单位建设人员的共同努力下，平胜大桥顺利建成通车，体现了高校科研工作者和广大工程一线人员团结协作、追求卓越和不断创新的精神。

一、佛山平胜大桥简介

平胜大桥位于广东省佛山市南海区桂城街道平洲平胜村，为独塔单跨四索面自锚式悬索结构（图18.1）。全长680.20m，跨径布置为39.64m+5×40m+30m（预应力混凝土加劲梁及锚跨）+350m（钢加劲梁）+30m+29.60m（锚跨），桥梁设计为双向十车道，桥面宽56m，横桥向分为两幅，每幅宽26.1m，两幅桥间距3.8m，两侧设有宽度为3.5m的人行道。该桥是世界首座独塔、四索面、大跨度自锚式悬索桥，也是第一次在悬索桥上采用混合加劲梁，即主跨采用钢梁，锚跨采用混凝土梁，充分发挥了钢和混凝土材料的特性，有效地节省了投资，刷新了当今悬索桥的多个世界纪录。该桥主跨达350m，顶推最大跨径达78m，创造了国内顶推法施工的新纪录。大桥从2004年2月开建，历经2年9个月，2006年11月正式投入使用。

图18.1 广东佛山平胜大桥

平胜大桥是佛山市内第一座跨航道的大桥，也是连接佛山市与其周边地区的重要交通枢纽之一，对改善珠江三角洲地区的交通条件、促进经济社会发展具有重要意义。

二、迎难而上，敢为人先

平胜大桥作为世界上首座独塔单跨自锚式悬索桥，在设计、施工可行性研究阶段没有先例可循，使得施工控制计算理论和现场施工架设技术等面临诸多挑战和难题：

（1）计算理论层面：已有的主缆找形算法不适用于独塔自锚式悬索桥；有限元迭代格式和时变效应理论对于独塔自锚式悬索桥的施工分析存在效率低或者精度差的缺陷；现有的施工控制软件不能计入已发生的施工误差等。

（2）施工技术层面：较大反力的钢箱梁顶推技术不完全适应大跨径斜交顶推施工的需要；现有体系转换与主缆架设技术不适用于独塔大跨径混合梁自锚式悬索桥。

（3）施工管理层面：质量检验评定标准未考虑自锚式悬索桥等。尤其是主桥的施工科学管理和工程精确控制是重中之重。

面对前所未有的挑战与机遇，长沙理工大学李传习教授团队迎难而上，敢为人先，毅然决定参加平胜大桥施工控制的投标。为解决上述难题，团队从前期研究论证开始，就对各个环节的可行性进行了全面深入研讨，开展了自锚式悬索桥结构体系、静力与动力性能、施工关键技术、钢 – 混凝土结合段关键技术、钢加劲梁局部稳定、钢加劲梁架设顶推技术等多项专题研究。

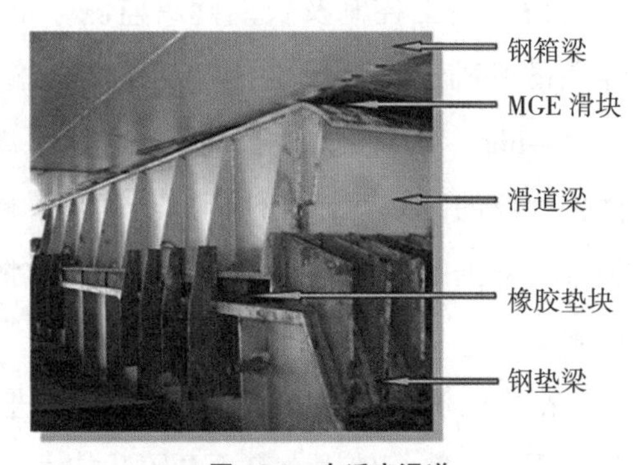

图 18.2　自适应滑道

首先，李传习教授团队深入研究了国际上类似桥梁建设案例和对应的最佳解决方案，并根据本工程的特点和需求，建立非线性有限元“时变止效应”分析方法，构建全新的滚动式支承单元模型，旨在解决独塔悬索桥主缆找形收敛问题；面对大跨径钢箱梁斜交顶推的问题，提出带 MGE 滑块的自适应橡胶垫滑道（图 18.2），提出并优化“分级平衡反力行程双控”的斜交顶推施工工艺；在现有体系转换与主缆架设技术不适用于大跨径混合梁自锚式悬索桥的问题上，优化“平行钢丝承重索”猫道形式（图 18.3），准确计算索股垂度随索温改变的修正公式，创新经济、高效的主缆架设方法，提出独塔自锚式悬索桥体系转换方案及其确定的原则（图 18.4）。此外，监控团队还借助现有张拉工法，开发装配式延长杆，修正拉索索力 – 频率关系，为大桥的体系转换提供可行性优化方案。

基于这些研究结果，他们利用先进的监测技术和方法，建立了一个完善的数据分析和处理系统，成功开发和制定出平胜大桥施工控制计算理论与施工控制方案，并通过该

图 18.3 “平行钢丝承重索”猫道

图 18.4　独塔自锚式悬索桥体系转换

方案，预测建设过程中可能遇到的技术挑战和工程困难，提前找到解决方法。这使得他们能够提供施工全过程的控制数据和建议，以确保结构施工安全和成桥符合设计要求。在最终的方案决策会上，李传习教授团队的施工监控方案受到了建设单位的高度认可，并成功中标。

三、深入一线，务实创新

为确保桥梁成功建成，李传习教授带领团队深入施工一线，日夜奋战，针对关键环节展开深入研讨，精密测量并修正控制模型，及时反馈信息。为高效地实施平胜大桥的施工控制及长期健康监测，李传习教授率领团队在充分借鉴其他桥梁建设经验的基础上创新思维，以双重结构编码遗传算法为主要理论基础，设计了优化程序 PS-ldg，对平胜大桥长期健康监测系统中加速度传感器的布设位置进行优化。经过优化程序的高效运作，他们成功确定了最佳传感器布设位置，实现了对施工过程中各项关键数据的实时跟踪记录，任何异常情况都能被及时监测，便于工程人员及时采取措施。

高效的桥梁健康监测方案离不开先进的精密仪器，离不开团队技术成员熟悉各个设备的用途并熟练使用，离不开团队技术成员对系统采集到的数据进行准确分析。为此，李传习教授组织团队成员进行培训和演示，并及时提供技术支持和指导（图 18.5）。监控过程中，团队成员不断调试、优化健康监测系统参数，确保仪器设备最大限度地捕捉施工现场的关键信息（图 18.6）。随着工程建设的推进，监测系统不断收集到大量的监控数据，他们利用所收集到的数据，及时发现施工中可能存在的技术问题和风险，与施工人员紧密协作，为其提供专业技术指导，以迅速应对问题并找到合适的解决方案，保证了大桥施工的全面可控性。

主桥的成桥荷载试验是评估施工质量的关键环节。李传习教授团队采用自主开发的悬索桥解析法计算软件建立了成桥状态的有限元空间模型，对全桥进行结构受力分析，深入研究大桥的力学特性，精确计算各个构件之间的力学响应；在工程现场，团队制定

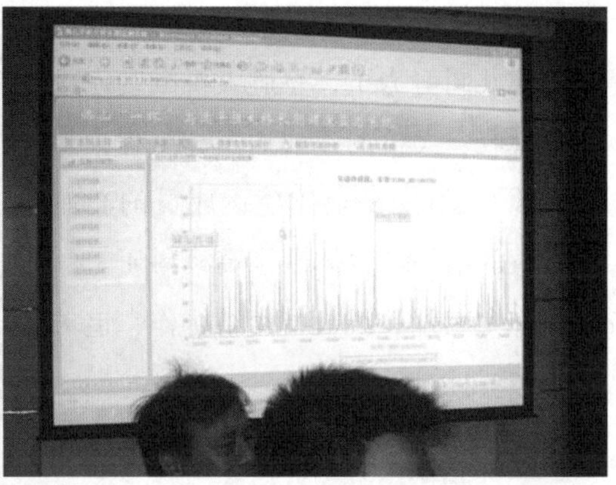

图 18.5　健康监测系统学习

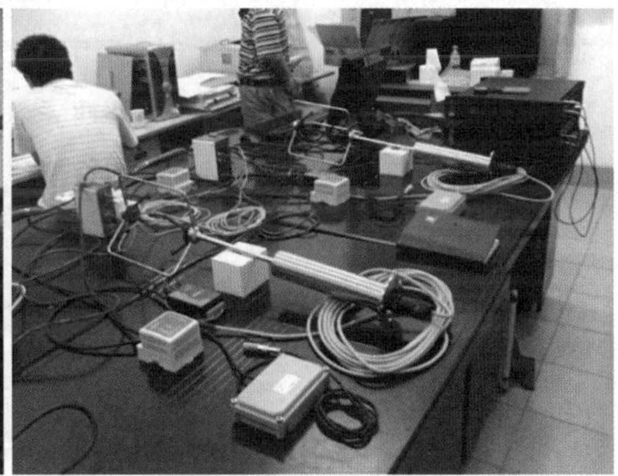

图 18.6　监测系统现场设备调试

了详细的时间表，确保试验按计划有序进行。经过试验数据采集、分析之后得出结论：平胜大桥结构受力性能优异，达到规范设计要求。

从施工全过程控制，到成桥荷载试验，再到全寿命周期健康监测系统的投入使用，每个环节都彰显了李传习教授及其团队的创新思维，展示了他们精益求精和认真务实的态度。在建设过程中，团队整理总结形成了自锚式悬索桥设计施工控制的成套技术，该技术在长沙三汊矶湘江大桥、广州猎德大桥和杭州钱塘江九桥等多座自锚式悬索桥均得到借鉴和应用。

四、团结协作，推动发展

在大桥的整个建设周期内，参建单位人员与李传习教授团队相互信任，相互支持，紧密合作，充分发挥各自的专业优势，根据现场情况及时进行必要的调整和改进，以确保每一个建设环节的准确性和安全性。尤其是与项目部门成立的“平胜大桥青年突击队”完美配合、协同合作，共同克服了钢箱梁顶推、结构受力体系转换等技术难点。

在李传习教授团队与参建单位建设人员的共同努力下，平胜大桥顺利完成竣工验收。大桥的建成通车和工程荣誉（图 18.7）不仅是全体建设成员的心血和智慧的结晶，也体现了高校科研工作者和广大工程一线人员团结协作、追求卓越和不断创新的精神。

图 18.7　广东省科学技术奖二等奖

五、结语

平胜大桥是世界上跨度最长的单跨单塔双幅四索面自锚式悬索桥，其中主跨达 350m，顶推最大跨径达 78m，创造了国内顶推法施工的新纪录。平胜大桥已成“网红”打卡地。站在桥上，望平洲水道悠悠西去，眺车水马龙南来北往，忆李传习教授团队与施工人员的辛苦付出，尤其是李传习教授敢为人先、勇于创新，采用单塔单跨自锚式悬索桥工艺建设，实现了一跨过江的壮举。这种创新精神永远镌刻在平胜大桥上，激励着广大桥梁建设者攻坚克难、锐意进取。平胜大桥建设中所展现的创新成果、实践经验以及精神品格将激励长理桥梁人乘风破浪、勇往直前，为实现“桥梁强国”的目标贡献智慧和力量。

第4篇

大跨拱肋架天堑，精湛监控铸辉煌

本篇主要讲述长沙理工大学土木工程学院以李传习教授、田仲初教授为代表的桥梁英才为解决大跨径拱桥施工监控过程中的各种难题而勇于担当、迎难而上、锐意进取、砥砺奋进的事迹。拱桥造型优美，曲线圆润，富有动态感，是桥梁基本体系之一。田仲初教授团队多年来一直从事大跨度拱桥结构分析与施工控制方面研究，针对采用斜拉扣挂法拱肋吊装施工的钢箱拱桥，提出了基于“一次张拉到位”控制思想确定扣索的安装索力和拱肋预抬量的方法，研究成果获得了2005年度湖南省科技进步二等奖；针对转体施工的钢拱桥，提出了一套多目标无扣索转体施工的精确控制方法，为钢拱桥转体施工新工艺的成功实施提供了安全和质量方面的技术保障，研究成果获得了2012年度湖南省科技进步一等奖和第十届中国土木工程詹天佑奖。近年来，针对采用悬臂浇筑法施工的混凝土拱桥，长沙理工大学提出了基于多目标优化的悬浇施工混凝土拱桥构形与安全控制理论与方法，解决了混凝土拱桥的悬臂浇筑施工安全和成本方面的难题，促进了悬臂浇筑法在大跨径钢筋混凝土拱桥建设中的推广和应用。

第19章

众人长空舞彩练，踔厉奋发架钢桥——佛山东平大桥施工控制与荷载试验纪实

佛山东平大桥位于广东省佛山市境内，横跨东平河水道，连接顺德区与禅城区，是佛山市南部城市主干道的重要构成部分。东平大桥的施工充分考虑桥梁的结构特点和所处的施工环境，主桥拱肋创造性地采用了无扣索竖提转体与平转相结合的施工方法，完成了重达3000t钢拱肋的竖提转体和14800t的拱肋平转，创造了当时拱桥平转重量的世界纪录。大桥于2004年4月18日动工，2006年4月22日完成主桥合龙，2006年10月1日建成通车运营。长沙理工大学田仲初教授团队面对该桥新结构与新工艺的挑战迎难而上，承担了东平大桥的施工控制及成桥荷载试验工作，为攻克新型结构无扣索竖提转体与平转施工过程中的技术难题作出了贡献。

一、佛山东平大桥简介

佛山东平大桥位于广东省佛山市禅城区南部，是佛山市中心组团新城区的重要桥梁，大桥主桥长578m，主跨跨径300m，边跨组合跨径95.5m，其结构形式为连续梁-钢箱拱协作体系系杆拱桥，大桥结构新颖，外形美观，是一座具有高技术含量的新型桥梁（图19.1）。大桥采用无扣索竖提转体与平转相结合的施工方法，在设计建造过程中创下了多项纪录：

（1）首次采用无扣索竖提转体的方法施工，完成了重达3000t钢拱肋的竖提转体；

（2）平转重量达14800t，创造了当时拱桥平转重量的世界纪录；

（3）主拱、副拱、边拱组成自平衡组合体系，为国内首创；

（4）边跨采用钢箱拱与混凝土连续梁的组合体系，为国内第一次采用。

大桥主拱肋为净矢跨比1/4.55、拱轴系数1.1的三肋式悬链线拱肋，采用箱形截面，桥面以上主拱肋截面高3.0m，桥面以下主拱肋截面高3.0~4.5m，宽1.2m；拱顶段主、副拱肋合并，截面高4.0~7.2m，肋宽1.2m；副拱肋线形为直线和圆曲线的组合线形，拱肋截面高2.0m，宽1.2m。边跨拱采用净矢跨比1/6的抛物线形，采用钢箱形

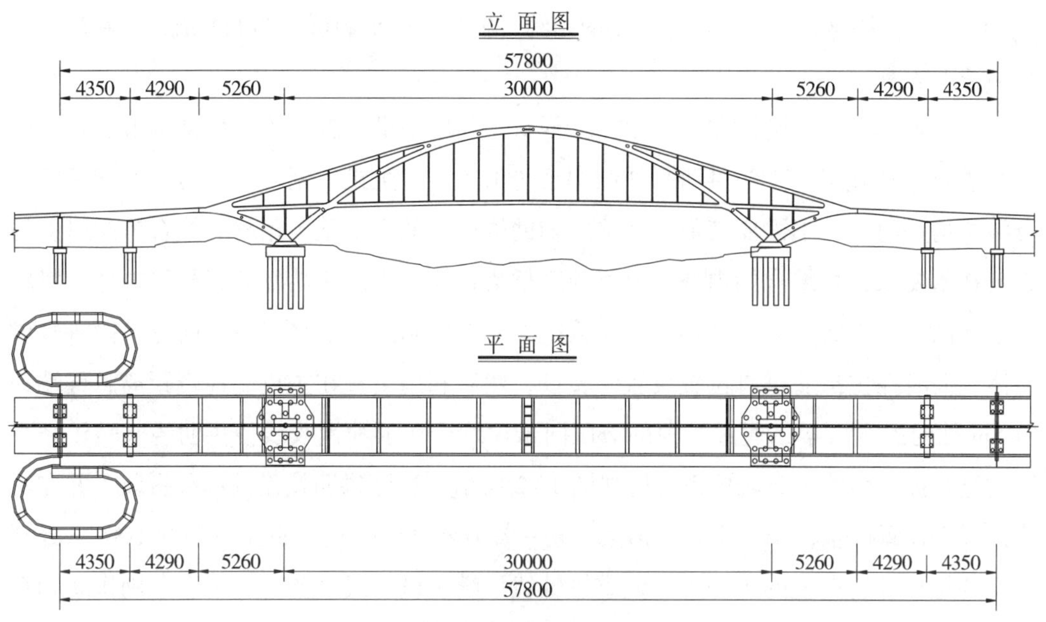

图 19.1　东平大桥总体布置图（单位：cm）

截面，箱内灌注 C40 混凝土。两岸主桥边跨采用预应力连续梁结构，主梁采用肋板式结构。

东平大桥主桥结构新颖，布局合理，主副拱结合的形式充分体现出曲线的美感。桥面宽度达到 48.6m，横向布置为三拱肋形式，肋间净距 16m。系杆采用 1.2m × 2.2m 箱形截面；其吊杆及上、下立柱采用 H 形截面钢结构，与主、副拱肋及钢系杆同宽，并在腹板上设置了抗风孔洞；主拱肋每两个吊杆（立柱）间设一道 1420mm × 2240mm × 20mm 异形管式横撑，拱顶处对称跨中线分设两根 1420mm × 20mm 管式横撑。主墩基础采用 27 根 2.8m 钻孔灌注桩，嵌岩深度大于 10m。

东平大桥横跨东平繁忙的东平水道，施工工期较短，同时桥址处软土分布较广，地质条件较差，还受到东平河汛期及防洪大堤的影响，施工阶段要求对桥下通航及桥位附近自然环境影响小。因此对东平大桥提出了以下施工技术要求：

（1）在施工期间，不能影响通航及防洪，不占用或尽量减少占用防洪大堤，如占用大堤需对影响范围进行加固；

（2）桥位地区受台风影响较大，最大风速达 35.6m/s，施工过程需考虑抗风计算并采取相应措施；

（3）拱肋数多，节段拼装精度要求高，安装线形控制难度较大，合龙要求在满足设计规范的基础上力求准确快速；

（4）工期较短，应采取合理的施工方法及有效措施，最大限度地缩短工期；

（5）城市桥梁施工，受场地狭小的制约，施工不得影响桥下船舶通航，应在施工方案中予以考虑。

佛山东平大桥在设计和施工中力求创新，利用副拱代替扣索，使结构形成自平衡体系进行平转施工，主跨拱肋平转结构系统由边拱、主拱、副拱、上转盘及配重等自身结构构件组成，不需要其他任何临时辅助构件，节省了施工用材。综合考虑以上的施工技术要求，再结合国内外数座万吨级桥梁转体施工的成功经验，最终选择了竖转加平转的施工方案，即先分别在两岸低支架上按照制造线形将半跨拱肋分阶段拼装成整体，同时在主拱肋拱脚位置设置竖转铰，然后利用设置在主拱肋前端距离悬臂端约51.5m 处的提升塔架，通过塔顶的液压同步连续千斤顶和钢绞线使拱肋绕竖转铰竖直转动进行提升转体，竖转体系布置如图 19.2 所示；边跨拱肋按设计高程拼装，并在支架横梁上设置砂桶，用于平转前落架。初步提升竖转到位后，在主拱肋约 1/8L 点处利用支架施加竖直向上的顶伸力，调整拱轴线形满足设计线形要求，再合龙副拱肋和系杆箱，固结竖转铰，使半跨主拱和边拱连接成整体，分级、对称卸掉提升力，拆除提升塔、平衡索等提升设施，准备整体平转。通过设置在拱座位置的上、下转盘及中心转轴、撑脚、环道，结合液压同步张拉千斤顶，分别进行两岸半拱的整体平转，平转到位后在适当的温度下进行两岸主拱肋合龙。主拱肋竖转重量约为 3000t，竖直转体角为 25°；平转重量约为 14800t，北岸拱肋平转角为 104.6°，南岸为 180°，平转体系布置如图 19.3 所示。大桥整个转体施工过程如行云流水般顺畅，竖转前拱肋低支架拼装完成状态、竖转过程中及竖转到位后的状态、两岸平转过程中及平转到位后的状态如图 19.4~ 图 19.9 所示。

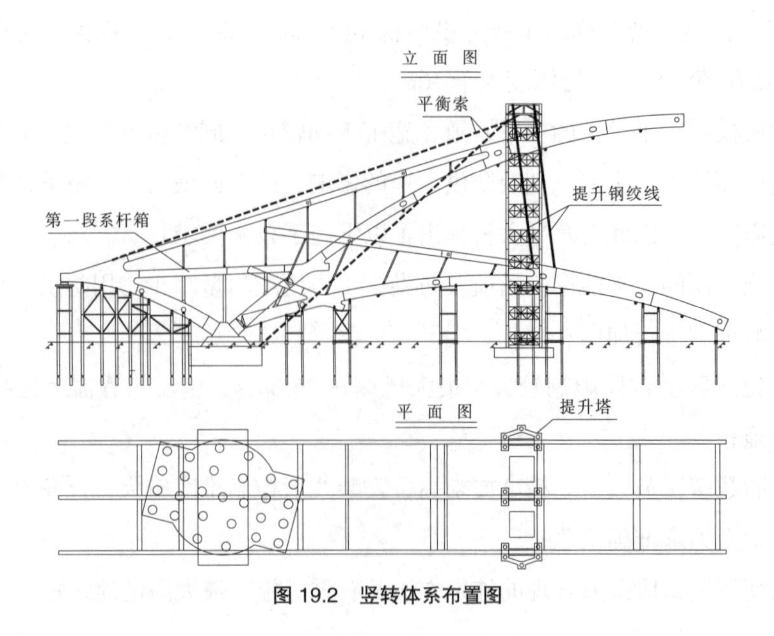

图 19.2　竖转体系布置图

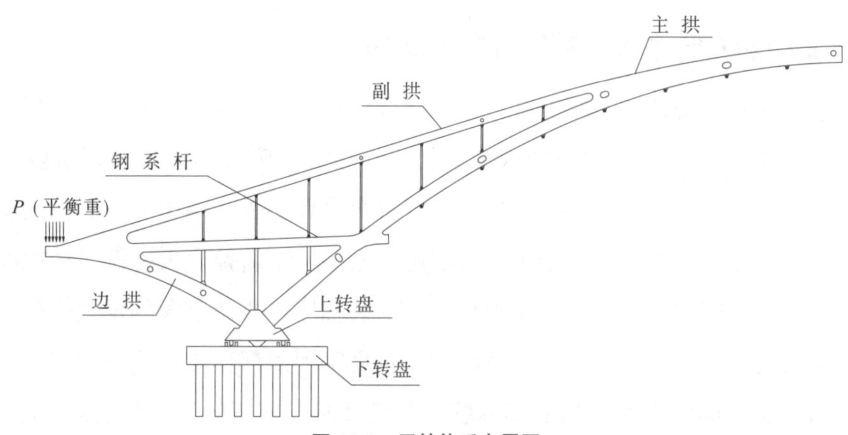

图 19.3　平转体系布置图

图 19.4　竖转前低支架拼装完成状态

图 19.5　竖转中间状态照片

图 19.6　竖转完成状态照片

图 19.7　平转体系照片

图 19.8　平转中间状态照片

图 19.9　平转到位状态照片

二、监控助力竖平转，精细计算立新功

佛山东平大桥主桥结构新颖复杂，施工过程体系转换次数多，精度要求高，施工难度大。为确保在施工过程中主桥结构受力和变形始终在施工和有效运营阶段处于安全范围内，且成桥后主拱肋的拱轴线和桥面线形符合设计要求，结构成桥后恒载受力状态接近设计期望，必须要对主桥的施工过程实施严格的施工监控。大跨桥梁结构设计与施工高度耦合，所采用的施工方法、材料性能、安装程序、拼装节段的定位标高和接头转角、拼装支架的刚度和环境温度以及系杆的张拉力等因素都直接影响成桥主拱和桥面的线形与受力状态，而施工时结构的实际状态与设计时所期望的理想状态总会存在差异，主桥施工时的荷载状态与结构设计成桥状态也有较大的差异，为此必须在施工过程中对结构的实际状态实施有效的监控，采集必要的反映结构典型状态的实测数据，并与结构设计时所规定的理想状态进行比较分析，从而对钢箱拱肋的定位标高、转角和主梁的线形、系杆的张拉力等予以调整和控制，以使实际结构的形成轨迹满足设计要求。通过施工过程的数据采集和优化控制，在施工中逐步做到把握现在、预估未来，避免施工差错，及时为大桥各个阶段的施工决策提供必要的依据，以满足施工过程的安全要求和成桥状态的设计要求。

拱桥转体施工方法是利用桥梁结构本身及结构用钢作为施工设施，在非设计轴线位置浇筑或拼装成型后，利用摩擦系数很小的滑道及合理的转盘结构，以简单的设备将结构整体旋转到位的一种施工方法。转体施工法将桥跨的建造从不具备支架法施工地点或不能影响通航、通车的障碍上空转移到岸上进行，然后转到桥轴线处合龙，此法可适应较大的桥梁跨径。因其具有节约施工材料、使用设备少、快速便捷且不影响通航、不中断通车等优点，从诞生那天起就成为桥梁工程界普遍关注的施工方法。当跨越宽阔河流及桥位地形较平坦时，由于采用平转法施工难以有效利用地形，常用竖转与平转相结合的施工方法，即通过竖转将组拼拱肋的高空作业变为在低矮支架上拼装拱肋的低空作业，通过平转完成障碍物的跨越。对于采用竖平转体施工的钢拱桥，施工控制中的重点和难点主要为：

（1）结构在转体过程中处于“动态”，即在较短的时间内，结构在空间位置和受力上都发生了很大的变化，这就要求采用一套可以实时跟踪结构空间坐标及受力变化的数据采集、传输和快速分析系统。

（2）采用转体法施工的钢拱桥，施工复杂，往往需要经历多次体系转换，与悬臂浇筑或拼装等分阶段施工方法不同，施工过程中结构线形可调整手段少，而且大桥合龙口多，合龙精度要求高，给施工控制的结构分析和线形控制提出了巨大的挑战。

（3）转体牵引系统牵引力的确定，是转体施工监控的重要内容。其中既包括平转施工牵引力的确定，又包括竖转施工中提升索力的确定。提升索力是个动态变化的过程，竖转施工中提升索力随着竖转角度变化，而提升索力的大小又直接影响到提升过程的安全与提升状态预测的准确性，故如何确定提升过程中的索力及其变化范围是保证整个竖转过程安全高效的关键。

（4）转体施工中永久结构、临时结构的局部受力与稳定性是关系到转体成败的关键，竖转施工时提升索下端与拱肋以及提升索上端与提升塔的连接部位、竖转铰部位以及平转过程中的转盘等结构的局部受力复杂，需要进行精细有限元分析；此外提升塔（或索塔）等临时承力结构在竖转过程中的稳定性、平转体系重心位置以及转体过程中钢箱拱的受力及稳定性等都需要进行精准计算，以确保施工过程中的受力安全。

东平大桥施工监控精细化计算遇到的第一个难题就是竖转过程中的提升索力计算。竖转提升和平转牵引采用计算机液压同步控制牵引系统作为动力源，该系统由钢绞线、提升油缸、液压泵站、传感检测系统及控制计算机等部分组成，该系统利用传感检测系统获得提升油缸的位置信息、荷载信息和整个被牵引构件的姿态信息，并将这些信息反馈到主控计算机，这样主控计算机可根据这些信息决定油缸的下一步动作，同时也可根据提升荷载信息和构件姿态信息决定整个系统的同步调节量。为了保证提升过程的安全，一个拱肋用两束平行的钢绞线进行提升。为了保证提升过程的安全和提升效率，实际施工中计算机液压同步提升系统把两束平行的钢绞线通过计算机控制主动张拉的方式自动调整为同样大小的索力，而有限元计算很难模拟这个主动张拉的过程。由于提升索力在拱肋不同位置，结构的刚度并不一致，所有直接计算得到的提升索力很难做到一样大小。为了解决这个难题，监控课题组成员先查阅相关书籍和文献，但并未找到解决此类问题的已有方法和经验。于是，他们开始尝试采用调整提升钢绞线初张力的方式使提升索力满足趋于一致条件后，再计算不同竖转角度下的提升索力，经过多次尝试、迭代计算后，计算得到了基本满足提升条件的不同竖转角度下的提升索力，但是这种方法计算效率较低。后来，大家反复思考，发现这其实是一个优化问题。课题组把提升索和平衡索的初张力定义为设计变量，把两束提升索力差值的绝对值和提升塔的塔偏角设为约束条件，把竖转控制点的计算值和理论值之间的坐标偏差作为优化目标，通过优化计算可以得到不同竖转角度下的提升索力以及结构的受力和变形特征。转体过程中的实测数据表明，提出的竖直提升转体施工提升索力的优化计算方法成功地解决了主动张拉提升索的索力计算问题，避免了人工试算调索的复杂过程，增加了求解的精度，而且计算结果与实测结果相符，也说明了所建立的竖转施工有限元计算模型（图 19.10）和提升索力计算方法的有效和精确性。

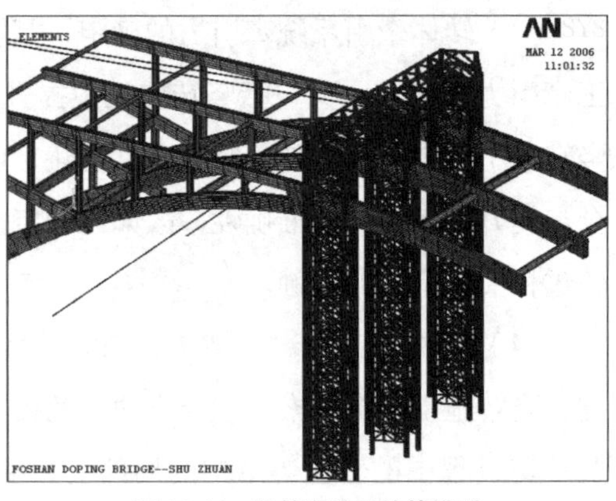

图 19.10　竖转有限元计算模型

为了保证转体过程结构受力的安全，特别是关键连接部位的受力安全，课题组做了大量的细部精细化分析，典型的有提升钢绞线与拱肋连接部位的吊耳（图 19.11）、提升钢绞线与提升塔连接部位的塔顶横梁（图 19.12）等关键构件。提升钢绞线巨大的提升力通过吊耳施加于拱肋，而通过塔顶横梁将其传递给提升塔，这两个构件的受力安全关系到竖提转体的成败。为了保证转体过程中结构能满足不同角度受力的需要，提升钢绞线与吊耳和塔顶横梁都采用销轴连接结构。竖转过程中，销轴与吊耳耳板圆孔相接触的区域，产生了巨大的接触应力，只有对该区域附近的应力大小和分布进行细致的分析，才能保证整个竖转体系的安全、可靠。而销轴与圆孔的接触应力分析是一个高度非线性力学问题，需要耗费大量计算资源，并且收敛困难，因此，在分析时应对接触模型的原理具有足够的理解，同时建立合理的模型才能得到有效的结果。当时的有限元分析还未像当今这样普及，线上和线下能找到的接触分析资料和实例不多。当时还是研二学生的彭涛主动请缨承担这项接触分析的工作，可谓是“初生牛犊不怕虎”，为了在短时间内了解和掌握接触分析的技巧，彭涛废寝忘食地钻研 ANSYS 帮助文件，在经过多次尝试后，终于建立了合理的接触分析模型，找到了接触刚度、穿透容差、最大摩擦、初始接触条件和时间步长等影响计算精度和收敛性的重要参数的合适取值，终于得到了满足计算精度要求的收敛性结果。通过与布置在实际结构上的应变传感器实测结果对比，实测数据反映的耳板上的应力大小和分布规律与有限元接触分析结果基本吻合，受到业主、设计和施工各方的高度赞誉。图 19.13 为计算

图 19.11　提升钢绞线与吊耳连接部位

图 9.12　提升塔顶横梁

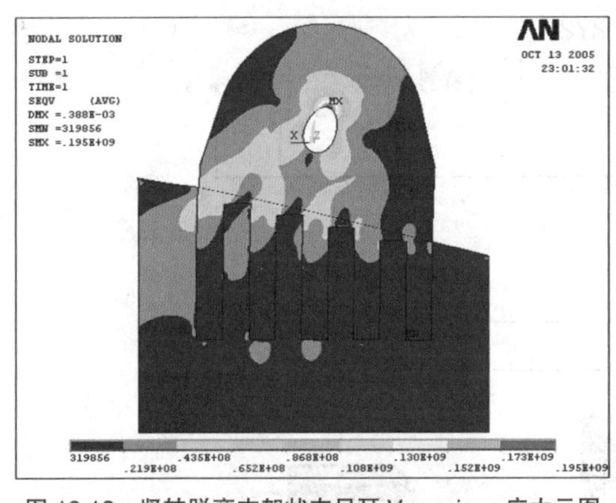

图 19.13　竖转脱离支架状态吊耳 Von mises 应力云图

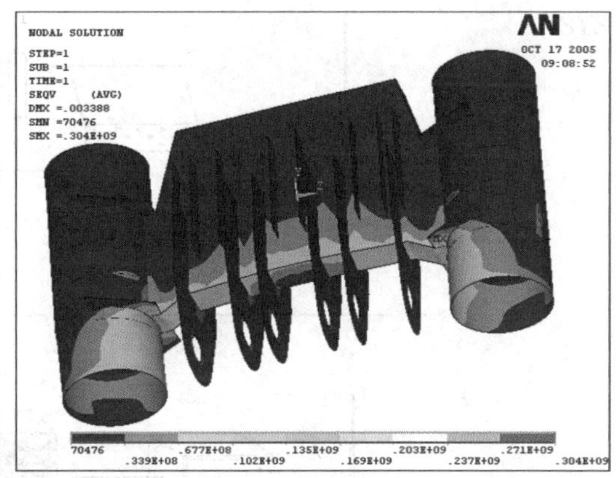

图 9.14　竖转 5° 时提升塔顶横梁 Von mises 应力云图

得到的竖转脱离支架状态吊耳的 Von mises 应力云图，图 19.14 为竖转 5° 时提升塔顶横梁 Von mises 应力云图。

在东平大桥的施工过程中，除了上述的计算外，课题组还做了大量的精细有限元分析，对转体过程中的结构行为做出了精准的预测，对受力复杂部位进行了精细分析，确保了转体过程中的结构安全，为大桥的安全、优质和高效建成作出了贡献。

三、努力拼搏勤监测，迎难而上创辉煌

转体施工是一个动态施工过程，转体结构的空间位置和受力始终在变化。为了能够实时掌握转体过程中结构的受力状态，并在发生危险时做出快速反应，及时预警，必须要做到对结构受力的跟踪监测。传统的对监测元件的人工测量显然无法胜任这一要求。为此，东平大桥在施工监控中引入一套无线自动综合监测系统，很好地解决了转动过程中数据实时采集的难题。在东平大桥的转体施工过程中，此系统被成功地应用于钢箱拱肋及竖转铰、提升塔、拱座中心转轴和撑脚等部位的应力和温度监测中。

无线自动综合监测系统是一种全自动无人值守测量、无线数据传输的综合静态数据采集系统（图 19.15）。系统可配接弦式传感器（应变计、应力计、压力盒、渗压计、锚索计、荷载传感器等）、电感调频类传感器（位移计、静力水准仪传感器等）、半导体温度传感器、标准电压信号等。系统采用分布式结构，可任意组成 8~2000 点的无线测量系统，可广泛应用于桥梁、建筑、铁路、大坝、实验室等工程领域，特别适用于长期无人值守及高空、高危、环境恶劣的场所。

佛山东平大桥中所采用的无线自动综合监测系统（图 19.16）具有以下特点：

（1）可任意配接多点无线采集单元，组成 8、16、32、64 点的自动无线监测系统；

（2）采集单元的任意通道均可配接弦式应变计、位移计、温度传感器等，数据相互

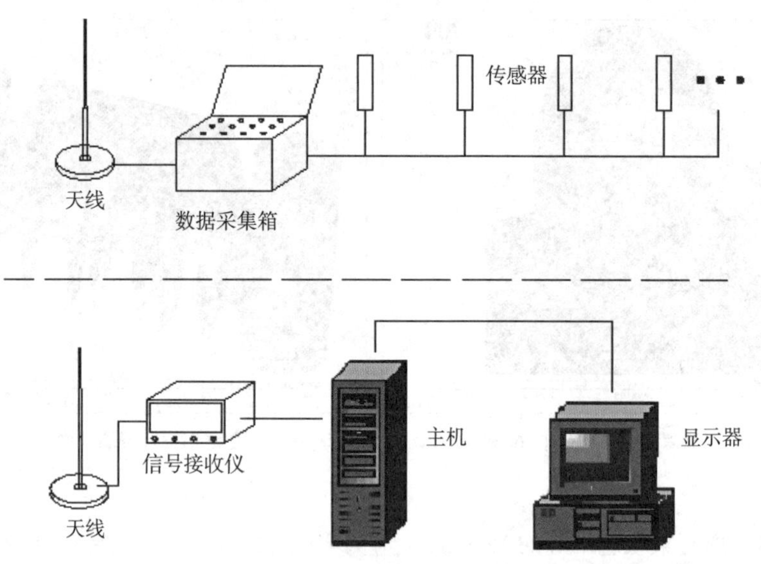

图 19.15　无线自动综合监测系统示意图

之间并不干扰，对于智能型的传感器还可自动识别各通道所接传感器的型号、编号，显示相对应的物理量（应变、位移、温度等）；

（3）可任意指定单点测量，也可任意设定自动巡检间隔时间或按日程设定每天定时测量的时间；

（4）内存容量大，可以满足数据存储要求，亦可直接传输到计算机上；

图 19.16　无线自动综合监测系统

（5）系统故障具有自诊断及保障系统，确保了数据的可靠性；

（6）无线数据传送距离远，最大可达 5km，3km 以下效果更好。

无线自动综合监测系统适用于测点比较密集、实时要求高的监测，比如竖转过程中的提升塔、拱脚及竖转铰应变监测等。而拱肋的应变测点分布于拱脚、1/8 拱、1/4 拱、3/8 拱及拱顶等关键截面，各截面间的空间距离较远，故采用人工监测。因此在东平大桥的施工监控中，需要采用无线自动综合监测和人工监测结合的方式，钢箱拱肋的应变监测是整个监测的重点。考虑应变传感器的布置方便以及能得到较好的保护，钢箱拱肋的底板应变测点布设于钢箱内部（图 19.17），在重要工况时均需监测人员爬入拱肋内部对其进行测试。在拱肋竖转完成后，拱肋从拱脚到 1/4 拱截面这一段坡度较陡，而钢箱的内壁较光滑，摩擦力小，进入拱肋内部向上爬时需要手脚并用，双腿前后迈开保持平衡，后脚使劲蹬在钢箱底板上，与此同时双手需紧紧抓住钢箱两侧的加劲肋向后拉扯以提供向上的动力，如此手脚配合才能勉强往上艰难爬升。这个过程消耗了大量的体力，爬行一段距离后常常手脚酸痛，衣服也被汗水湿透。由于钢箱拱肋内部是封闭空间，除了靠近检修孔部位外，里面伸手不见五指且异常闷热，空气不流通，而向上爬时需要消耗大量氧气，但封闭空间内往往氧气不足，因此每爬几米都需要休息一下，喘几口气。向上爬的过程极度考验人的体力和意志力。测试完后往下爬的过程也很艰难，因为钢箱内部每隔几米就设有横隔板，向下爬时由于坡度大，钢箱内壁光滑，脚刹不住很容易就磕碰到横隔板，所以每次测试完成后大家虽然小心翼翼，但小腿和膝盖总是免不了因为磕碰出现多处瘀青，伤痕累累。虽然每次进入拱肋内部进行应变测试都很艰难，但大家没有任何怨言，总是自告奋勇地参加测试，兢兢业业地完成测试任务。

图 19.17 钢箱拱肋内部照片

桥梁结构动力特性是结构的固有特性，包括结构的自振频率、振型和阻尼比等动力特性参数，这些参数反映结构本身所固有的动力性能，由结构形式、质量分布、结构刚度、材料性质、构造连接等因素决定。为了获得施工阶段结构的动力特性，课题组对东平大桥施工过程中的竖转脱架工况、平转工况、主拱合龙以及成桥阶段工况，做了多次动力特性测试试验。为了减少温度和施工对试验的影响，课题组一般选择在晚上进行测试。由于东平大桥有三条拱肋，包括主拱、副拱和边拱，全桥动力测试的测点（图 19.18）数量较多，测试时需要多人配合，一人负责采集数据（图 19.19），另有专人负责放线和跑测试点。为了获得较好的测试效果，课题组采用了信噪比较好的导线连接采集仪器和测试传感器。东平大桥计算跨径达 300m，为了能测到所有测点而不用中途换线，课题组采用的测试线长达百余米，卷起来后有很大一捆，每次测试都需要带着这么一大捆导线不停地放线到测点位置，测试完成后还要把线小心翼翼地收好。跑测点时放线和收线工作看似简单，实际上极度考验人的体力和耐力，因为上百米长的导线本身重达十几斤，一直带着这么重的东西在坡度较大的拱肋上跑来跑去极度消耗体力，一般一次全桥测试要跑百余个测试点，需要几个晚上才能完成，这就意味着课题组需要连续工作几个通宵，往往累到筋疲力尽。而此时就算再苦再累也不能掉以轻心，因为放线和

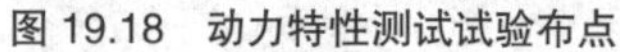

图 19.18　动力特性测试试验布点

图 19.19　动力特性测试试验数据采集

收线时稍微疏忽就可能导致导线缠到一起，上百米长的线一旦打结，需要大量时间才能解开。每次的动力测试试验都是极大的考验，但课题组经受住了这个考验，采集到了准确的数据，圆满完成了测试工作。

东平大桥施工监控工作得到了长沙理工大学多位领导与专家的指导与帮助，大桥转体前进行方案评审时，时任学院院长颜东煌教授亲临现场参加转体方案专家评审会（图 19.20）；在大桥竖转施工时，时任学校副校长张建仁教授和时任学院副院长李传习教授亲临转体施工现场进行指导，与现场施工监控人员合影（图 19.21）；在大桥平转施工时，时任学校校长郑健龙院士亲临转体施工现场进行指导，并与项目负责人田仲初教授和技术负责人彭涛老师亲切合影（图 19.22）。

图 19.20　时任院长颜东煌教授参加转体方案专家评审会

图 19.21　时任副校长张建仁教授、副院长李传习教授与东平大桥监控人员合影

图 19.22　时任校长郑健龙院士与项目负责人田仲初教授、技术负责人彭涛老师合影

四、结语

东平大桥首次采用无扣索竖直提升转体结合平转的方法施工，实现了重达 3000t 钢拱肋的竖提转体以及 14800t 的钢拱桥的平转，创造了钢拱桥平转重量世界纪录。田仲初教授团队在该桥施工监控过程中提出了一套多目标无扣索转体施工的精确控制方法，建立了高效合理的转体施工监控系统，成功解决了转体施工中多合龙口高精度合龙的难题，为东平大桥新工艺的成功实施提供了安全和质量方面的技术保障，相关研究成果获得了 2012 年湖南省科技进步一等奖和第十届中国土木工程詹天佑奖（图 19.23、图 19.24）。

图 19.23　詹天佑奖奖杯

证　书

佛山东平大桥

荣获第十届中国土木工程詹天佑奖

获奖单位：长沙理工大学

中国土木工程学会

詹天佑土木工程科技发展基金会

二〇一一年十二月

图 19.24　詹天佑奖证书

建成通车后的东平大桥是佛山市的一道亮丽风景线，成为佛山新城地标之一，不仅是连接禅城区与顺德区的交通大动脉，也是佛山市的热门旅游打卡景点之一，更是摄影发烧友的最佳取景地（图 19.25）。东平大桥见证了佛山的蓬勃发展，正在助力佛山向高质量发展迈进！

图 19.25　大桥建成通车后照片

第20章

北江飞虹连新城，单拱赴会克难关
——韶关百旺大桥的长理监控团队

2004年9月，韶关北江之上，一桥横跨东西，天堑变通途。百旺大桥位于韶关市区南郊6km，是国道323线与省道1946线连接线上跨越北江的一座特大型桥梁，也是北江连接浈江老城区和武江芙蓉新城的唯一桥梁。百旺大桥是一座主跨111.44m的中承式钢管混凝土拱桥，外形美观、结构轻巧。相较于采用漂浮式简支悬吊桥面系的早期钢管混凝土拱桥，该桥体系冗余度大、安全性能高。在大桥的建设过程中，项目设计了多个创新方案，首创了多项施工工艺，涌现出了一批敢于担当、勇于创新的路桥人才，长沙理工大学李传习教授及其监控团队便在其中。他们在大桥监控过程中表现出的务实工作作风、强烈的工程责任感以及项目需求驱动下的技术创新意识，充分彰显了长理精神，是当代桥梁人工匠精神的真实写照，更为未来工程师职业素养修炼树立了榜样。

一、韶关百旺大桥简介

韶关，旧称韶州。据韶州府志记载，明嘉靖二十五年（公元1546年），韶州知府陈大伦在此修建西河（现武江北段）浮桥，以铁链连舟为桥，连接武江南北，使韶州成为一体，并在此设关卡收水陆两税，韶关之名由此而得。韶关人与桥的不解之缘也从此开始。韶关所在地，浈、武二水汇合至北江，合称三江。三江六岸，桥梁如同一根根主动脉，不仅实现着这座城市的互联互通，更是这座城市一道道耀眼的风景（图20.1），百旺大桥便是其中的一座。百旺大桥由引桥、主桥、支桥三部分组成（图20.2），全长805m（不含支线桥123m），自东向西跨越北江河东河道、江心岛和西河道。其中，主桥为净跨径111.44m、净矢跨比1/3.5、拱轴系数1.5968的悬链线三肋中承式钢管混凝土拱桥（图20.3）。

全桥共设置16组吊杆，每组吊杆纵向间距（除拱脚区段外）均为6.2m。在横桥向，每组吊杆由3对组成，每对沿纵向间隔22cm，即所谓的双吊杆形式，中肋采用

图 20.1　百旺大桥实景

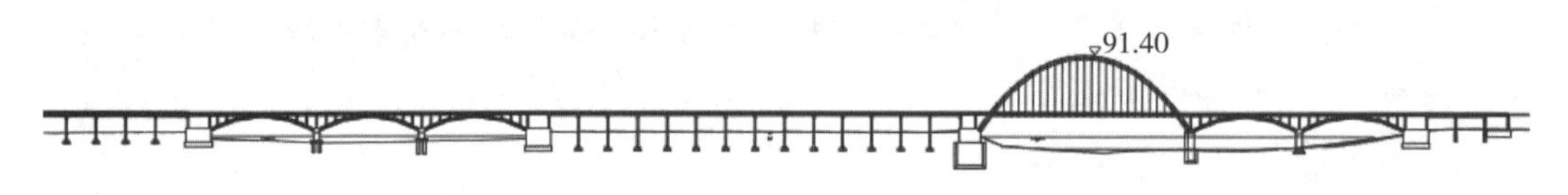

图 20.2　百旺大桥桥型立面布置

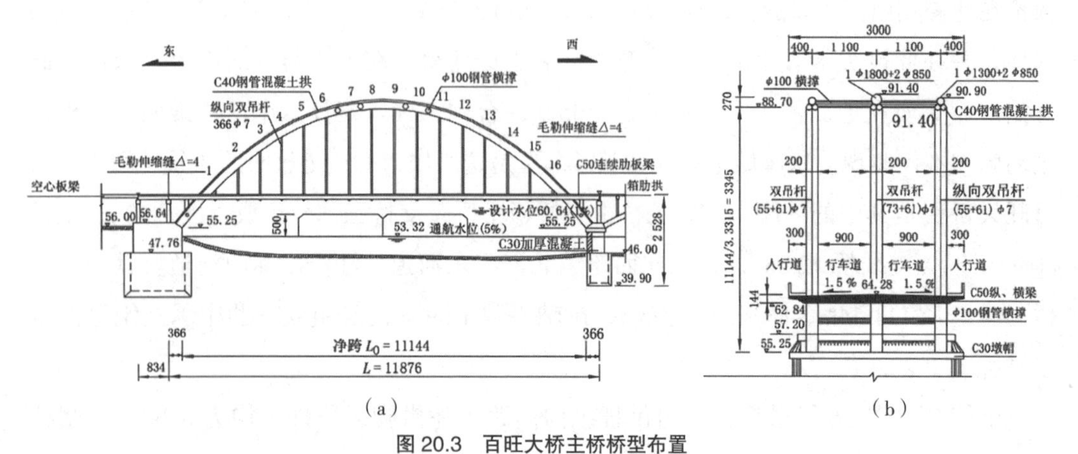

（a）　　　　（b）

图 20.3　百旺大桥主桥桥型布置

（a）立面图（单位：cm）；（b）横断面（单位：cm）

HVM22-73+61，边肋采用 HVM22-61+55 的规格。横撑采用直径为 1.3m 的钢管，全桥共设 6 道，其中 4 道位于拱顶附近，2 道位于桥面以下。主桥拱肋有 3 条，均为三管“品”字形集束式截面，中肋为由 1 根直径 1.3m 的大钢管和两根直径 0.85m 的小管通过缀板形成的组合截面（图 20.4）；边肋为由 1 根直径 1.3m 的大钢管和 2 根直径 0.85m 的小管通过缀板形成的组合截面。钢管中填充 C40 混凝土。大桥桥面宽 30m，双向四车道，两侧各设 3m 宽人行道。大桥设计荷载等级为汽车 – 超 20，挂车 –120。

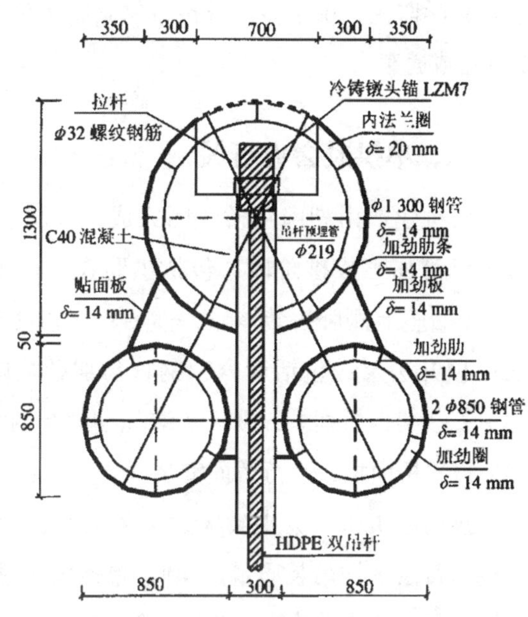

图 20.4 主拱“品”字形集束式拱肋（单位：mm）

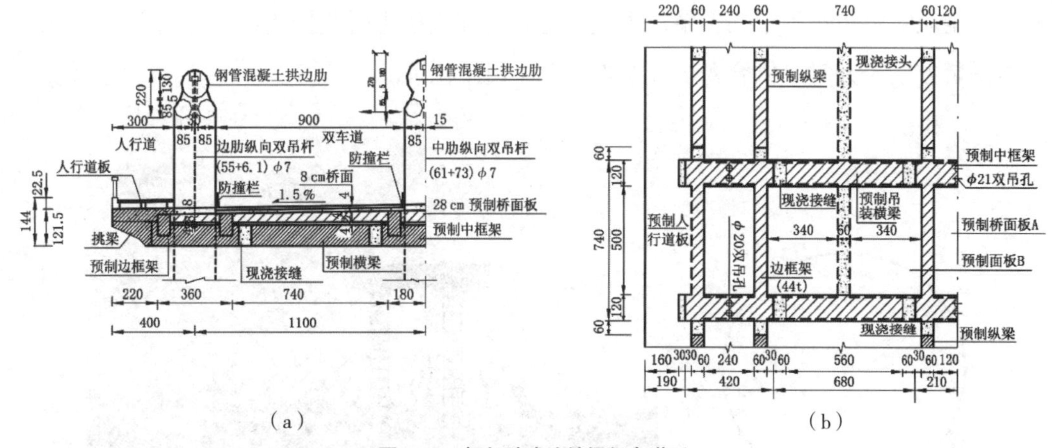

（a） （b）

图 20.5 框架肋式连续梁行车道系

（a）横断面（单位：cm）；（b）平面（单位：cm）

韶关百旺大桥由我国著名桥梁专家上官兴主持并完成设计，与同期已建桥梁相比，该桥中承式拱部分在设计上采用了悬索线“品”字形集束式钢管拱肋（图 20.4）、框架肋式连续梁行车道系（图 20.5）及不等径双吊杆等三种新颖技术，单肋纵横向稳定性大，可以实现无风撑（或少风撑）；与桁架式钢管拱相比较，集束式钢管拱加工费用低 30% 左右，并且避免了桁架节点处抗疲劳性能欠佳的缺点；克服了简支体系挠度大、桥面系容易开裂引起渗水和跳车、影响行车舒适性等方面的不足；提高了吊杆抗疲劳强度。鉴于大桥结构的特殊性及复杂性，大桥建设方委托长沙理工大学对该桥施工过程进行科学监控，由李传习教授带领其团队负责完成。大桥于 2001 年破土动工，2004 年 9 月建成通车。

二、单拱赴会克难关

大桥建造由湖南路桥集团完成，采用了“先拱后梁”的施工方法，主要步骤为：（1）钢管加工成拱阶段，包括拱肋在工厂下料切割、卷管焊接、拱肋制作，在现场 1 ∶ 1 胎座上侧卧拼装调整，然后单根拱肋分 8 段吊装后合龙；（2）管内混凝土灌注，采用顶升法泵送包括管内、钢管与加劲板围成区域的四大部分的混凝土（图 20.6）；（3）安装架设桥面系，缆索吊装先期预制的纵横梁框架梁，张拉预应力形成整体框架，然后设置桥面板，进行桥面铺装。

拱肋施工采用无支架缆索吊装法安装（图 20.7），每条拱肋由 9 段（包括合龙段）组成，每段平均吊装质量达 40t，单条拱肋总质量达 950t。为了便于现场作业，施工方还提出了单侧拱肋合龙方案。上述施工方法的难点在于，拱肋节段的安装定位要求高，扣索张拉力大小以及调整时机需要准确把控，施工过程中拱肋处于悬臂状态，稳定性差，安全风险突出。为了切实解决上述问题，百旺大桥主桥监控团队研究制定了合理的缆索吊装方案，并对单拱合龙的安全性进行了科学论证。

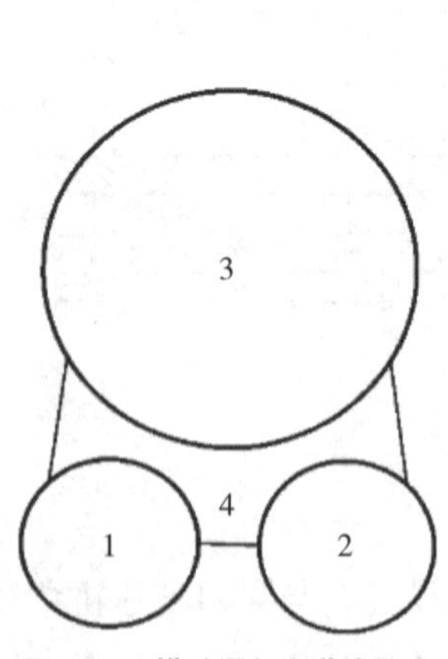

图 20.6　拱肋混凝土灌注顺序

图 20.7　百旺大桥缆索吊装系统

监控团队白天在项目上进行数据采集，晚上及时对数据进行反馈分析，并对第二天的关键施工参数发出指令。为了提高拱肋安装控制的精度，李传习教授决定从理论推导、程序设计上实现基于实测结果的适时施工控制计算。然而，现场施工噪声大，条件艰苦，难以集中精力。李传习教授便在寂静的深夜办公，常常凌晨起床，坐在办公桌前，一支笔，一沓纸，进行深入的理论推导与最优程序流程设计；抑或是坐在计算机前，逐句输入，调试程序代码，完全忘却了虫鸣萦绕，全情投入工作直至清晨。现场工人每天起床后，常常发现李老师已经坐在了办公桌前，惊叹李老师起得早，而不知他是彻夜未眠。多年以后，李老师形成了深夜醒来、看一会儿书才能继续入眠的生物钟！经过半年的攻坚克难，李传习教授终于开发出了拱桥实时监控程序，为大桥拱肋安装的精确定位、快速化施工提供了数据指导。

对于大跨度拱桥，基肋合龙需要保证足够的面外稳定性。就百旺大桥而言，单肋合龙虽然施工方便，但稳定性问题却十分突出；而双基肋合龙要求的缆索吊装设备、扣锁系统投资巨大，设备使用率较低，同时还容易造成吊装设备、扣锁系统之间相互干扰，加大了施工组织风险。为了验证单拱合龙的可行性，监控团队针对不同施工工况，分析了拱肋的安全性。计算结果标明：三管式钢管拱肋自重横向安全性非常好，空管吊装时安全系数 K 可达到 10.9，下管混凝土浇完时 K=7.0，上管混凝土浇完时 K 还可以达到 4.0，完全满足规范要求，验证了单肋合龙方案的可行性。百旺大桥在科学数据的加持下，实施了单肋合龙（图 20.8），既保证了结构安全，也节约了大量施工吊装设备。

图 20.8　百旺大桥单拱合龙

三、科学监控防事故

钢拱管内混凝土浇筑密实与否，是影响百旺大桥安全性的重要因素。对于百旺大桥的悬拼空钢管节段，节段间采用内设小法兰螺栓连接，外面再整周长环焊。根据这一细节特点，李传习教授敏锐地意识到：内置小法兰可能会影响到混凝土灌注时的流动性，容易在法兰上侧形成混凝土灌注不密实区，进而形成混凝土－管壁空隙。李传习教授在大桥分项施工方案会上提出了上述问题，引起了大桥建设各方的重视。针对这一问题，建设方完善了施工方案，实现了混凝土的成功灌注。后续检测结果表明，该桥拱肋混凝土灌注密实，未出现空隙现象。

百旺大桥吊杆长度，直接关系到桥梁线形与受力。在当时的技术条件下，施工方和监理对吊杆下料长度颇感棘手。李传习教授提出了按无应力长度下料的建议，并通过精确计算，提供了每根吊杆的下料长度。他拿着数据，从监理到施工，逐个阐明无应力长度下料法的原理和必要性，最终被各方认可。在监控组的技术支持下，大桥吊杆下料长度无一存在异常，保障了吊杆的顺利安装。

此外，他还特别向监控组成员强调了大直径钢管混凝土灌注的安全性问题，敦促设计、监控等单位一定要事先分析，合理制定方案，避免出现爆管现象。后来李传习教授根据百旺大桥监控上取得的成功经验，认真总结，归纳出了一套系统的拱桥监控方案，并成功应用于国内多座大桥上。

四、结语

监控数据表明，百旺大桥各项技术指标达到了设计预期目标，满足规范要求，设计意图和工程质量得以保证。工程交付前，业主组织资质机构对该桥进行荷载试验，检测结果合格。百旺大桥的建成通车，极大地推动了韶关市新城区的快速发展。看到今日的百旺大桥，一种自豪感油然而生：从东河到西河，从曲江、浈江再向武江、新城……多少人的梦想已经实现。一座座桥梁见证了历史的沧桑巨变，加快了珠三角向韶关产业转移，在硬连通上为韶关融入粤港澳大湾区起到重要支撑作用。

此刻，北江正在欢腾，大桥正在繁忙，我们看到了一个美丽、兴旺的城市——韶关，正在崛起。

第21章

安得五彩虹，驾天作长桥
——贵州花江大桥转体施工工艺控制

贵州S210线花江大桥是董箐水电站库区路桥复建工程，主桥为上承式普通钢筋混凝土箱形拱桥，采用平面转体施工，主跨140m，转体质量3800t，建成时为我国跨径最大的薄壁开口箱平转施工的钢筋混凝土箱形拱桥。从减轻结构自重及经济的角度考虑，转体过程采用开口薄壁结构是一种较优的创新方案，相较于传统的转体施工工艺，新工艺的施工及施工控制难度大大增加了。长沙理工大学田仲初教授团队面对转体新工艺的挑战迎难而上，承担了大桥的施工控制工作，为攻克开口薄壁截面拱结构实行轻型化转体施工过程中的技术难题作出了贡献。

一、贵州S210线花江大桥简介

北盘江，古称“牂牁江”，发源于乌蒙山地区，长达327km。北盘江流经地区都是山高谷深的喀斯特地貌地区，相对高度差将近2000m。北盘江流经贵州关岭县和贞丰县一带，被称为“花江”，因此这一带又被称为花江大峡谷，两岸分别是关岭县的花江镇和贞丰县的北盘江镇。贵州S210线花江大桥架立在花江大峡谷的悬崖峭壁之间，横跨北盘江上，是连接关岭县和贞丰县的纽带，是董箐水电站库区路桥复建工程。该桥设计荷载为公路–II级，人群3.0kN/m^2。主桥为上承式普通钢筋混凝土箱形拱桥，净跨140m，净矢高28.0m，矢跨比1/5，拱轴系数1.998，桥梁净空85m。主拱圈为等截面悬链线单箱三室箱形拱，箱高230cm，宽755cm。

根据地形特点，主拱成拱工艺采用有平衡重平面转体施工（图21.1）。花江大桥混凝土主拱圈分为两个1/2跨分别在两岸进行浇筑，为了减轻转体时的重量，主拱圈混凝土分为两期浇筑，一期在两边岸上现浇，为开口薄壁截面拱（拱脚8.33m范围与拱顶5.067m范围腹板一次浇筑至设计尺寸25cm厚，其余部位底板及腹板先浇筑混凝土10cm厚，无顶板），二期待拱圈转体成拱后再浇筑底板、腹部至设计厚度和浇筑拱圈顶板。转体前先在两岸的山坡上采用搭设低钢管支架的方式现浇开口薄壁拱圈，巧妙地利用坡地地形可以大大减少支架的数量和造价，然后再利用结构本身和扣索组成稳定体系，通过张拉扣索及背索使拱箱、背墙、上转盘等形成可以在转盘上平稳旋转的平衡转动体系（图 21.2），在确保平转体系处于平衡状态后，利用设置在转盘上的牵引装置使两岸的半拱结构平面转体。经过 12 名工人连续作业 6 个多小时后，2009 年 8 月 20 日下午 2 时 34 分，两岸的主桥拱圈平转到位，成功合龙。每岸的转体质量约为 3800t，贞丰岸按顺时针方向转约 172°，关岭岸按逆时针方向转约 110° 后合龙成拱。

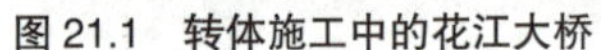

图 21.1 转体施工中的花江大桥

图 21.2 花江大桥平转体系与转盘

为了提高转体阶段钢筋混凝土开口薄壁箱的横向刚度，在开口箱侧壁上顶部每两道横隔板间设置两道横向钢筋笼，底板上对应于横隔板下和其间设置一道横向钢筋笼。主桥下部结构由交界墩背墙、上转盘、磨心、磨盖、保险墩和下转盘基础组成。背墙厚度 8.8m，宽度 3.54m，高度 32m；上盘和拱座宽 10m，上盘高 3.5m。磨心轴线至背墙尾部距离 6.24m，至上盘尾部距离 8.5m，磨心轴线至起拱线的距离为 1.8m。磨心是支承整个转动体系的关键设施。背墙不仅在转体阶段起平衡重心的作用，还是扣索与背索拉力的反力墙，在形成转动体系过程中，通过逐级交替张拉背索、扣索，控制背墙应力、变形，最终脱架形成转动体系实现转体。转动体系包括下盘基础、磨心、磨盖、上盘、保险墩、交界墩背墙、扣索、背索和开口薄壁肋拱圈。

二、重修大桥促发展，乡村振兴展新颜

旧时，北盘江两岸通行，只能在一个叫“花江渡”的地方，由当地熟悉水性的老筏

工用筏子摆渡过江。随着茶马古道的兴起，摆渡已不能满足通行需求。《贞丰县志》记载，1901 年花江渡上第一座铁索桥竣工，桥长 71m，宽 2.9m，由 14 根粗大铁链扣挂两岸，桥面由木板铺设而成，距水面约 35m。旧花江铁索桥（图 21.3）架于峡谷两岸悬崖峭壁之间，横跨北盘江上，是历史上沟通黔西南、桂西北、滇东南的要津。红军曾在小花江布依寨留下足迹，1935 年 4 月 17 日，红三军团第十一团第二、三营，在团政委张爱萍和政治部主任王平率领下，袭击驻扎平街的国民党军吴剑平师六六〇团第二营。1935 年 4 月 18 日至 19 日，张爱萍将军率领红三军团主力，在小花江布依寨七口碑处布防。为了阻击敌人，掩护红军主力渡过北盘江安全西进，红三军团第十一团第二营及侦察排连夜奔袭铁索桥，追击溃军，在距平街约 10km、离花江铁索桥不到 1km 的花江河南岸，同关岭敌军接火。最终，红军控制了花江铁索桥，完成了掩护红军主力部队全部渡过北盘江、安全通过贞丰县境的任务。

2012 年，因修建董箐水电站，水位上涨漫过旧花江铁索桥桥面。为了铭记与传承留在花江铁索桥上的智慧与红军精神，贵州省文物局出资 230 万元将旧铁索桥向上游方向转移，新桥（图 21.4）比老桥修建位置提高了 20 多米，保留了老桥的铁链，并将老木板全换成了铁板。目前，该桥是贵州花江大峡谷景区的中心景点，也是全国著名的遗存不多的古铁索桥之一。

图 21.3　旧花江铁索桥

图 21.4　新花江铁索桥

中华人民共和国成立后，随着经济的发展，交通需求不断增长，1961 年贵州省在 S210 线断桥至安龙 K42+062 处建成了老花江大桥，桥全长 94.5m，总造价为 27 万元。桥梁上部结构为带腹拱的石板拱桥，主挂为一拱，附挂为两拱，桥墩为浆砌块石，砌筑天然基础，该桥是连接关岭与贞丰两县的交通要道，建成后由关岭县武装部派配枪民兵一直守护至 1995 年 12 月（图 21.5）。

图 21.5　旧花江大桥及守护民兵

新花江大桥（图 21.6）因董箐水电站的修建而诞生。董箐水电站是西电东送第二批重点电源建设项目之一，位于贵州北盘江下游贞丰县与镇宁县交界处。工程总投资约 60 亿元，总装机容量为 88 万 kW，安装 4 台 22 万 kW 水轮发电机组，保证 17.2 万 kW 供电，年平均发电量为 31 亿 kWh，水库正常蓄水位 490m，总库容 9.55 亿 m^3，调节库容 1.438 亿 m^3，以发电为主，兼有防洪、供水、养殖和改善生态环境等综合效益。工程于 2005 年 3 月 28 日正式开工，2006 年 11 月 15 日实现截流，2010 年 6 月董箐水电站工程基本完工。因董箐水电站的修建，原花江大桥被淹没，贵州省改在距老桥下游约 1km 处修建新花江大桥，新桥桥面比老桥桥面高出 52m。新花江大桥于 2008 年 5 月 16 日开工，2010 年 5 月 31 日建成通车，建设工期 24 个月。

图 21.6　新花江大桥

从铁链木板桥到钢筋混凝土桥，花江上的大桥从无到有，从原始向现代，从一座到多座，成为黔西南甚至中国发展的历史缩影，见证了中华民族从积贫积弱到站起来、富起来、强起来的光辉历程。站在新花江大桥上放眼望去，当年红军抢渡北盘江的浮桥早已不见，但红色革命的基因却传承了下来。一代又一代的贵州人，用实际行动努力践行着“绿水青山就是金山银山”的理念，坚定不移地走绿色发展道路，北盘江两岸的发展硕果累累，革命老区旧貌换新颜。

三、众志成城助转体，砥砺奋进建新桥

随着桥梁建设的发展，转体施工桥梁的跨径不断增大，桥梁半跨转体体系重量加大，导致转体技术难度逐渐增大，施工费用逐渐增加。因此，考虑到安全性和经济

性，桥梁转体施工技术在山区得以扩大应用的关键是减轻桥梁转体重量。要减轻转体系统重量，可以使用钢管劲性骨架实现轻型化转体，然而，这样势必会使钢结构安装工程变得繁重，使现场工种复杂化，从而影响了桥梁转体施工技术在不够发达的西部山区的推广应用。混凝土开口薄壁截面轻型化转体拱桥施工是近年来提出的一种新工艺，主要用于箱形板拱（或箱形肋拱）拱桥转体施工。它的施工过程是，先在两岸制成钢筋混凝土开口薄壁截面半拱，转体到位合龙后，浇筑二期混凝土加厚拱箱的侧板和底板直至设计厚度，再浇筑顶板形成一个封闭的箱拱，最后施工拱上结构和桥面系。这样做的好处是，由于转体前混凝土开口薄壁截面拱的侧板和底板被大大减薄，相应配重部分的重量也随之减小，转动体系的总重量大大减轻。与钢结构劲性骨架和钢管混凝土轻型化转体施工方案相比，混凝土开口薄壁截面转体方案具有成本低、工种相对较简单（不需要钢结构安装）、转体操作方便、无需昂贵的缆索吊装设备和避免危险的高空作业等优点。与传统的转体施工方法相比，此方法可以节约 30%~40% 的施工费用。因此，这种施工技术有着很好的应用前景，特别是在经济不发达的西部山区更容易得到推广应用。

为了确保采用开口薄壁拱结构平转施工工艺的花江大桥主桥在施工过程中结构内力和变形始终处于安全的范围内，成桥后主拱圈的拱轴线和桥面的线形符合设计要求，结构恒载受力状态接近设计期望，在拱桥施工过程中必须进行严格的施工控制。花江大桥施工过程中施工监控方需要解决的难题有：

（1）转动体系重心计算与配重调整控制

为保证转动体系在转体过程中的施工安全，避免结构在转动过程中发生较大的倾覆，半跨拱结构平转体系重心位置的精确计算和相应的重心调整是控制的关键，必须要把平转体系的重心控制在规定的范围内才能保证转体过程的安全。

（2）混凝土开口薄壁拱圈的受力与变形控制

混凝土开口薄壁拱桥平转施工过程中，结构从支架上的浇筑状态到张拉扣索后的大悬臂状态，再到合龙松扣索后的裸拱状态，整个施工过程中结构体系转换次数较多，施工风险较大。大桥施工过程中转动体系的温度效应、扣索锚固局部受力效应、转体过程中的动力效应等效应的精确分析与预测是施工控制需要解决的一大难题。

（3）混凝土开口薄壁拱圈的稳定性控制

为了使 140m 主跨的混凝土拱桥能够在不施加大的临时配重条件下完成转体，采用了开口薄壁拱圈的策略减轻转体拱圈的重量，但这种方法给稳定性控制带来了挑战。由于开口薄壁截面的抗弯和抗扭刚度远小于闭口薄壁截面，稳定性较差，且转体施工中，结构处于只有扣索作用的大悬臂受力状态，开口薄壁截面容易发生面外失稳，因此混凝土开口薄壁拱肋平转过程中，对结构稳定性的控制是关系到转体成败的关键。此外，在脱架形成半跨转动体系后，磨心单点支撑受力，拱肋处于最大悬臂状态，此阶段结构的抗倾覆稳定问题也较为突出，必须对此阶段结构抗倾覆稳定性做出精准的分析。

（4）开口薄壁拱圈二期混凝土连续浇筑控制

转体合龙后浇筑二期混凝土加厚壁板和底板时，尚未形成强度的新浇混凝土使开口薄壁拱圈上受到很大的面外荷载，结构的整体稳定和混凝土薄壁的局部稳定成为影响施工安全的关键。考虑到开口薄壁箱形拱圈合龙后壁厚较薄，承载能力有限，浇筑二期混凝土加厚底板和腹板时，需要按照一定的加载顺序进行分段浇筑。

2009 年 2 月，受贵州省安顺公路管理局委托，长沙理工大学田仲初教授课题组承担了贵州 S210 线花江大桥转体施工控制的工作，于 2010 年 6 月圆满完成，主要工作内容与贡献如下：

（1）精细的仿真计算分析

施工监控仿真计算内容包括拱圈预拱度的计算、扣索及背索索力计算、转动体系重心调整计算、转动体系张拉脱架过程的验算、拱圈二期混凝土浇筑程序的优化与验算、拱上立柱标高计算等。施工监控仿真计算主要分为两个阶段，阶段一为平转合龙前的仿真计算，阶段二为平转合龙后的仿真计算。施工监控的全过程，仅建立一种仿真模型难以满足施工控制要求，故针对此桥施工控制的不同需求，需建立多种精细计算模型。花江大桥监控的重点和难点为第一阶段平转合龙前的监控计算，该阶段最关键的步骤是转动结构张拉脱架形成转动体系。在此之前需确定拱圈支架现浇预拱度，以使成桥后拱轴线形满足设计要求，确定扣、背索张拉索力及顺序、转体重心位置，对转动体系张拉脱架过程进行优化和验算，确保其施工的安全和可行性。第二阶段平转合龙后的计算主要有拱圈二期混凝土浇筑程序的优化和验算，确定拱上立柱标高确保桥面线形符合设计要求。利用大型通用有限元软件对转体施工进行精细化仿真模拟，根据不同需要分别采用三维杆系模型（图 21.7）和空间板壳、实体模型（图 21.8）。三维杆系模型主要用于计算扣、背索索力、转体重心位置。空间板壳模型主要用于转动体系张拉脱架过程和二期混凝土浇筑程序的验算，以及主拱圈预拱度的计算。实体模型主要用于结构局部受力和稳定性分析以及转体过程中的动力特性分析。

（2）精准的施工控制方法

基于半跨转动体系结构受力特点，从平衡配重平转桥梁的设计原理出发，团队提出

图 21.7　三维杆系有限元模型　　图 21.8　三维实体有限元模型

了一种新的半跨转动体系重心求解和配重调整方法。

在脱架形成半跨转动体系后，磨心单点支撑受力，拱圈处于最大悬臂状态，此阶段结构的稳定问题较为突出。通过对半跨转动体系稳定特性研究，在不增加转动体系结构自重的前提下，团队提出一种提高结构屈曲特征值的实用优化方法，提高了混凝土开口薄壁拱圈转动体系的稳定性。

为节约工期，简化转体合龙后的拱圈底板、腹板二期混凝土浇筑程序，团队建立了一种新的转动体系结构，应用影响矩阵法对结构体系进行适时调载，实现了开口薄壁箱形拱圈底板及腹板二期混凝土连续浇筑施工。

（3）精准的控制参数测试

施工测量控制是通过有效的测控方法，测出转体各关键结构控制点的空间坐标，得到转体施工时各种关键阶段（脱架、转体全过程）的线形状态，并与理论计算值进行比较分析，对合龙状态进行动态预测与分析，确保转体施工安全。大桥的高程及轴线偏位测控工作量大且精度要求高，而且转体过程中各测点都处于变动状态。根据实际情况，团队采用全站仪进行高程测控，对轴线偏位进行了实时测控。

关键部位应力监测是通过有效的测控方法，测出转体各关键截面的应变值，换算得到应力值，为转体施工的各状态施工控制提供应力实测数据，并与理论计算值进行比较分析，对成桥状态进行动态预测与分析，防止施工中应力超限，确保转体体系结构应力安全。

通过锚索计和索力动测仪这两种不同的索力测试方法，对拱圈张拉脱架（图 21.9）和转体过程前后（图 21.10、图 21.11）的索力实施动态监测，确保了结构受力安全。

转体就位后，参建各方在一旁合影，自豪地注视着他们的杰作（图 21.12）。

图 21.9　张拉脱架的花江大桥

图 21.10　转体施工中的花江大桥

图 21.11　转体就位后的花江大桥

图 21.12　转体就位后参建各方留影

四、结语

主跨 140m 的贵州花江大桥采用开口薄壁箱平面转体的新施工工艺，创下了当时国内同类型桥梁转体施工跨度之最。施工监控单位长沙理工大学田仲初教授团队运用精细化有限元模型对转体过程进行模拟，同时采用先进的监测技术确保转体过程的安全和平稳，只用了 6 个多小时两岸拱圈顺利转体到位。同时，为了减轻转体重量，转体过程中拱圈采用开口薄壁箱形截面，拱座上的交界墩作为主要的转体平衡配重。田仲初教授团队采用多尺度有限元模型对转体结构进行精细化分析，确保了开口薄壁箱形截面的稳定性和拱座在复杂受力状态下的安全性。

第 22 章

开拓创新解难题，科技进步结硕果
——长沙福元路湘江大桥顶推工艺监控

长沙福元路湘江大桥的崭新亮相，犹如一道闪耀的光芒，不仅有效缓解了银盆岭大桥的交通压力，也为城市交通网络的改善描上了浓墨重彩的一笔。长沙理工大学李传习教授及其团队承担了该桥的施工监控工作。在这座气势恢宏的大桥背后，无数建设者、设计师、施工人员和监控专家们将辛劳与智慧交织成一幅壮丽的画卷。他们是怀揣创新之志、甘于奉献的桥梁建设者，他们的精神与品格凝结在这座大桥上。

一、长沙福元路湘江大桥简介

长沙福元路湘江大桥主桥为提篮式钢拱－结合梁组合体系拱桥，孔跨布置为 3×210＝630m，支承跨径组合为 188m＋22m＋188m＋22m＋188m，主梁连续，三跨拱梁组合体系支承于 V 墩上，主桥东、西梁端间全长 610.06m（图 22.1）。

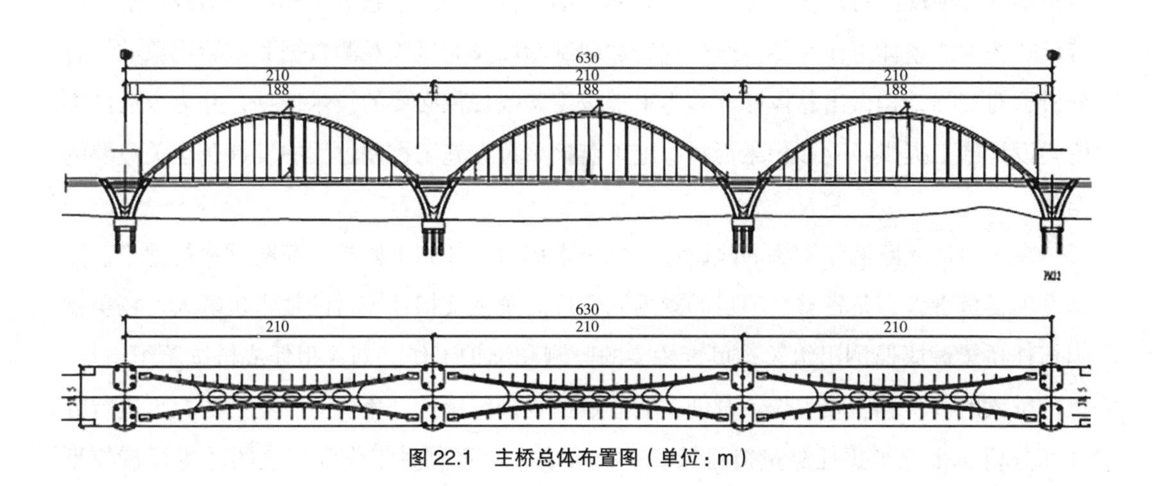

图 22.1　主桥总体布置图（单位：m）

长沙福元路湘江大桥的技术标准如下：（1）道路等级为城市主干路 I 级；（2）设计速度为主桥 60km/h，匝道 40~50km/h；（3）车道设置为双向六车道；（4）荷载标准为公

路 – Ⅰ级，城 –A 级；（5）通航等级为主航道（西汊）内河Ⅱ（3）级，辅航道（东汊）内河Ⅲ（2）级；（6）通航标准为主航道≥ 10.0m（净高）、≥ 150m（净宽），辅航道≥ 10.0m（净高）、≥ 75m（净宽）；（7）设计基准为 100 年；（8）抗震等级按 6 度设防。

二、目标明确，各司其责

长沙福元路湘江大桥主桥是国内较早采用步履式顶推系统施工的梁拱组合体系桥。首先，施工监控单位需要对施工现场进行实时监控，对施工进度和质量进行严格把关。他们需要对施工场地、工程材料、设备、施工技术等各方面进行精准计划和管理，为施工进度和质量控制提供必要的技术支持和决策参考，解决各种技术难题，确保工程的安全。其次，施工监控单位还需要对结构线形、吊杆索力、结构应力等进行实时监测，对施工工艺进行精准把控，在每一个重要工序完成后对结构响应进行评估，以便及时发现问题并采取相应的纠正措施。

该桥的施工监控目标是论证和优化施工工序，确保竣工成桥时的线形与应力状态和设计成桥状态保持一致，在施工过程中应力的幅度始终处于容许的安全范围内，确保成桥后所有杆件的内力合理。健康监测的预设目标是对大桥各主跨结构（含主梁和主拱）的跨中挠度及扭转变形、跨中和墩顶截面关键点的应变进行长期监测。

成桥静动载试验目标是通过测定桥梁结构在试验荷载作用下控制断面的挠度、应变和索力（含吊杆索力、系杆索力、体外索索力）的变化，与理论计算值相比较，以便对实际结构使用性能和工作状态做出评价。通过汽车变速行驶以及汽车制动和跳车，获得桥梁的各项动力特性参数（如振动频率、动应变、冲击系数等）和承受活载性能，间接反映桥梁的整体工作性能。通过现场加载试验以及对试验观测数据和试验现象的综合分析，对实际结构做出总体评价，为工程竣工验收提供必要的技术依据，并为今后同类桥梁设计施工提供经验和积累资料。施工监控单位在施工控制过程中发挥着至关重要的作用。

在长沙福元路湘江大桥的建设过程中，李传习担任施工监控、荷载试验与健康监测预设项目负责人，负责整个项目的规划和管理。董创文担任该桥的技术负责人。杨美良则担任桥梁健康监测组组长，负责桥梁的监测和维护工作。刘建担任成桥试验组组长，负责桥梁的试验和验收工作。董创文兼任数据处理组组长，负责对收集到的数据进行处理和分析。张玉平担任测量组组长和授权代表，负责测量工作和代表团队进行授权事宜。柯红军担任测试组组长，负责桥梁的测试工作。曹水东是结构测试工程师，负责桥梁结构的测试和评估工作。王琛和左雁是结构计算人员，负责进行桥梁结构的计算和分析。彭亮和仇明是测量人员，负责桥梁的测量工作。龙翼和鲁宇清是测试人员，负责桥梁的测试和检验工作。王琛、龙夔、彭亮、左雁、欧见仁、童忠选、鲁宇清、余明、仇明和陈思阳等参与了该桥的荷载试验。他们在各自的岗位上努力工作，共同协作，为长沙福元路湘江大桥的修建贡献了力量。他们的专业知识和辛勤付出，确保了桥梁建设的顺利进行。

三、开拓创新，征服难题

福元路湘江大桥施工监控、荷载试验与健康监测预设项目（图 22.2、图 22.3）的主要难点有：

图 22.2　施工过程中的照片

图 22.3　现场测试索力的照片

（1）平面线形为圆曲线或者圆曲线 + 直线的引桥，钢主梁无应力线形（即制造线形）复杂。对于平面线形为圆曲线（河东水中引桥）或者圆曲线 + 直线（河东岸上引桥的一部分）的弯引桥，顶推主梁为抗扭性能差的开口薄壁槽形截面梁，在自重及后期恒载作用下，必然发生弯扭组合变形；考虑到主梁各截面形状的变化可以忽略不计，如需确保主梁（槽形梁）各角、边线（如底板两边线或腹板上、下线）的成桥线形（均平行桥轴线），则需确定各角、边线的竖向预拱度和水平预偏量；由于弯扭变形的存在，各角、边线的竖向预拱度或者水平预偏量一般不同，它们在无应力状态下并不平行，由此确定的主梁（槽形梁）的底板、腹板均带空间扭曲面；考虑到带空间扭曲面的板不便加工，且两腹板的上边线直接影响桥面板安装、桥面线形，因此钢主梁两腹板上边缘的无应力线形应直接根据其成桥线形和计算出的竖向预拱度、水平预偏量（钢槽梁自重和桥面板重量等作用下的竖向位移和水平位移的反向值）进行设置，而其他角边线的无应力线形则需根据各钢腹板、钢底板为弯板或者平板，其他角边线成桥时平均达到成桥线形确定。对于平面线形为直线的引桥，在自重及桥面板等的作用下，必然发生变形（下挠），为确保成桥线形，其无应力制造线形需设置一定的预拱度。

（2）顶推钢结构的拼装控制难度大。顶推拼装节段为带有空间性质的提篮拱或者带有复杂制造线形的钢梁，两者拼装控制难度大，尤其是采用多节段一起拼装后顶推时，如何保证待拼装梁段与已顶推出平台梁段的高精度连接是一大难点。

（3）平面线形为圆曲线或者圆曲线 + 直线的引桥，顶推过程中主梁中线平面位置控制难度较大。

（4）钢－混凝土组合结构连续梁顶推过程可能需要进行滑道标高调整。由于钢槽梁的无应力线形的竖曲线为变曲率或多段圆曲线，在顶推过程中发生弯扭变形，为了保证顶推过程安全，顶推施工过程可能需要对顶推支点进行适当标高调整（对弯桥，同一桥墩两滑道的标高调整量可能还不同）。是否需要调整、调整时机和调整量则需通过监控计算确定。

（5）顶推过程中应对钢槽梁或钢箱梁的整体稳定性，特别是弯桥的侧向倾覆稳定性予以关注。由于钢结构重量较轻，若临时荷载和支点布置不合理，可能会导致钢梁倾覆。因此，施工、监理、监控三方均需予以重视，加强管理。

（6）顶推过程中钢槽梁或钢箱梁局部稳定性问题须予以重视。顶推过程中，梁与支点接触的局部区域将承受巨大的支点反力，局部稳定性问题突出；此外，河东水中引桥及河东岸上引桥的顶推弯槽梁还需考虑弯扭耦合作用和畸变影响。

（7）顶推计算项目和计算工况较多。顶推计算包括顶推施工方案的论证与优化，包括导梁长度、临时撑杆设置、临时墩控制反力、顶推设备布设、合理顶推基础线形（滑道顶面，包括临时墩、组拼平台、主塔横挑梁等处的滑道完成时竖直面内组成的初始线形）、顶推支点标高调整等，计算项目较多。顶推法施工时，结构体系、边界条件随施工进展不断变化，施工监控计算工况较多。

（8）钢－混凝土组合桥面板的力学性能复杂，需考虑组合受力问题，甚至桥面板与钢梁之间的滑移问题。

施工监控技术人员面对上述众多技术难题迎难而上，积极寻求解决方案。在解决问题的过程中，监控团队要有创新思维，要有耐心和毅力，要敢于尝试新的思路和方法。只有这样，才能找到最适合的解决方案，在工程实践中不断推进科技进步，从而实现桥梁工程的安全施工。监控过程中，团队老师带领学生们建立了有限元仿真模型，让学生们更真实地体验到桥梁的顶推过程和钢梁的制造、拼装、控制等过程；注重理论知识的系统学习，使学生掌握相关题目的基本公式、计算方法和相关规范标准，并且加强实际应用的训练，培养学生对桥梁工程问题的应对能力；注重学科交叉和团队协作能力的培养，在课程设计中引入多学科融合的元素，让学生们从不同的角度、不同的专业进行交流和思考，共同解决复杂问题；加强教学实践和场地实习，让学生参与真实的桥梁工程项目，亲身体验桥梁施工的全过程，从而更深入地了解和解决问题，锻炼学生们对实际问题的分析和解决能力。

四、技术发明，科技进步

顶推钢箱（槽）梁无应力构形实现的传统控制方法一般要求：(1) 已顶推出一定距离的梁体接拼梁段（末段梁）无应力线形的轴线水平倾角与理论偏差尽量小；(2) 顶推平台上待拼梁段线形与其理想无应力线形各点标高偏差尽量小。为满足这些要求，节段拼装时需要对接拼梁段和待拼梁段进行标高调整。项目课题组提出的顶推钢箱（槽）梁无应力构形自适应拼接控制相位变换技术，考虑接拼梁段相位的变化、梁段组拼的线形误差，实现由即时相位到基准相位下的坐标换算，提出节段无应力线形偏差逐步调整的方法，解决了顶推施工钢箱（槽）梁待拼梁段定位高程确定的关键问题。从而大大节省了工序转换中标高调整的时间，缩短了工期，产生了良好的社会和经济效益。长沙福元路湘江大桥（图 22.4）河东侧水中引桥、河东侧岸上引桥和河西侧水中引桥均应用该技术进行施工监控，解决了该桥建设过程中的多项关键技术问题。该技术也已申请了发明专利（图 22.5）。通车以来，桥梁各项力学性能指标优异，行车舒适，荣获“2016~2017 年度国家优质工程奖”。

图 22.4　建成后的照片

除此之外，监控项目的完成还培养了多名硕士研究生（王琛、龙龑、彭亮、左雁、欧见仁、童忠选、鲁宇清、余明、仇明和陈思阳等）。这些研究生通过参与实际工程项目，获得了宝贵的实践经验，并在此基础上开展了相关研究，提升了自我。

五、结语

李传习教授团队（李传习、董创文、张玉平、曹水东、柯红军以及众多研究生们）承担福元路湘江大桥的施工监控、成桥荷载试验等任务。他们通过计算和分析、施工现场的结构测试，不断跟踪、反馈调整等，预测结构后续工况的力学行为，从而得出合理的反馈控制措施。他们为施工过程的决策提供了科学依据，同时为结构行为的控制提供了宝贵的理论数据。在完成项目任务的同时，申请了“顶推施工梁体无应力线形高精度实现的施工控制方法”等专利，有力促进了科技进步。

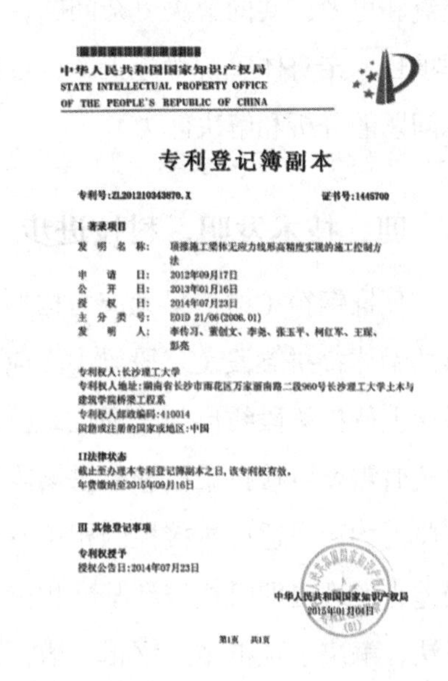

中华人民共和国国家知识产权局
STATE INTELLECTUAL PROPERTY OFFICE
OF THE PEOPLE'S REPUBLIC OF CHINA

专利登记簿副本

专利号:ZL201210343870.X　　证书号:1446700

I 著录项目
发明名称：顶推施工梁体无应力线形高精度实现的施工控制方法
申请日：2012年09月17日
公开日：2013年01月16日
授权日：2014年07月23日
主分类号：E01D 21/06(2006.01)
发明人：李传习、董创文、李尧、张玉平、柯红军、王琛、彭亮

专利权人:长沙理工大学
专利权人地址:湖南省长沙市雨花区万家丽南路二段960号长沙理工大学土木与建筑学院桥梁工程系
专利权人邮政编码:410014
国籍或注册的国家或地区:中国

II法律状态
截止至办理本专利登记簿副本之日，该专利权有效。
年费缴纳至2015年09月16日

III 其他登记事项

专利权授予
授权公告日:2014年07月23日

中华人民共和国国家知识产权局
2015年01月04日

第1页　共1页

图 22.5 “顶推施工梁体无应力线形高精度实现的施工控制方法”发明专利登记簿副本证书

第23章

双崖断处造桥工，仿佛凌霄架彩虹
——贵州木蓬大桥悬臂浇筑工艺监控

木蓬大桥位于贵州省石阡县坪山乡境内，是贵州省思南至剑河高速公路关键控制性工程，桥位地势险要，山高谷深，大桥跨越两岸绝壁，使得天堑变通途。大桥采用分离式设计，单幅主桥净跨165m，主拱圈为等高单箱双室箱形截面，宽7.5m，高2.8m。木蓬大桥主拱圈采用挂篮悬臂浇筑法施工，是当时我国第二座采用该法施工的钢筋混凝土拱桥。长沙理工大学田仲初教授及其团队负责该桥的施工监控工作。该桥施工工艺复杂，技术含量高，被列为贵州省内科研型桥梁，其中扣、锚索一次张拉控制，斜爬施工挂篮等均为国内首次采用，开启了挂篮悬臂浇筑法施工钢筋混凝土拱桥的新篇章。

一、贵州木蓬大桥简介

木蓬大桥为整幅桥、分离式设计，桥梁上部结构为2×30m T梁+165m钢筋混凝土箱形拱+4×30m T梁，桥梁全长366.6m，起点桩号K68+288.7，终点桩号K68+655.3。木蓬大桥单幅主拱圈为等高度悬链线钢筋混凝土箱形截面，单箱双室，净跨径165m，净矢高30m，净矢跨比1/5.5，拱轴系数1.988，箱形截面宽7.5m，高2.8m。大桥设计荷载为公路Ⅰ级，设计速度为80km/h，桥面宽度21.5m，半幅桥的桥面横坡为单向2%（图23.1）。

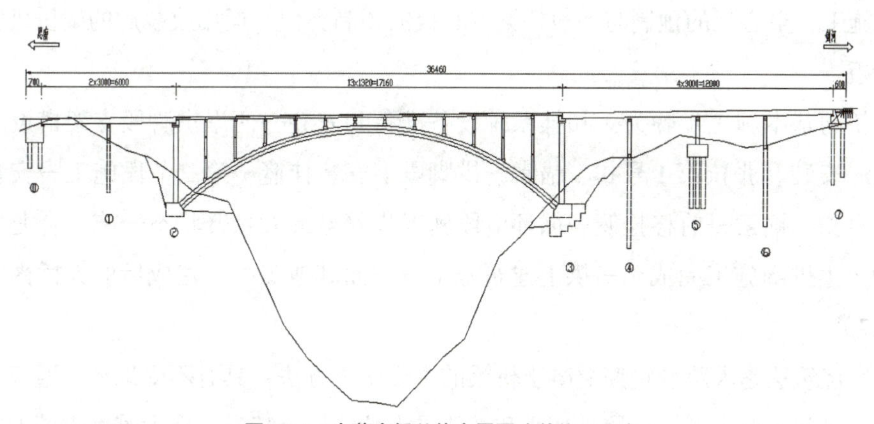

图23.1　木蓬大桥总体布置图（单位：cm）

拱脚支架现浇段（即 1 号节段）从拱脚向端头由加厚断面向标准断面过渡，顶底板厚度由 60cm 渐变至 30cm，边腹板厚度由 50cm 渐变至 35cm，中腹板厚度由 50cm 渐变至 25cm；中间的 2~12 号节段为标准断面；拱顶 13 号节段底板厚度为 30cm，边、中腹板厚度由 35、25cm 向跨中渐变至 40cm；拱顶合龙段顶底板厚度为 30cm，边、中腹板厚度为 40cm；其余节段顶底板厚度为 30cm，边腹板厚度为 35cm，中腹板厚度为 25cm（图 23.2、图 23.3）。拱上立柱、横墙底部设置横向通长垫梁，垫梁厚度以低侧高 100cm 控制。1~4、9~12 号拱上立柱采用双柱式，其中 1、2、11、12 号立柱截面尺寸为 120cm × 100cm（纵桥向 × 横桥向），并设截面尺寸为 100cm × 100cm 的横系梁；3、4、9、10 号立柱截面尺寸为 80cm × 100cm（纵桥向 × 横桥向），不设横系梁；5~8 号采用横墙，截面尺寸为 80cm × 700cm（纵桥向 × 横桥向）。拱上共设置 13 孔 13.2m 预应力混凝土空心板，分为三联，每联均采用连续桥面，联间设置伸缩量为 80mm 的模数式型钢伸缩缝。

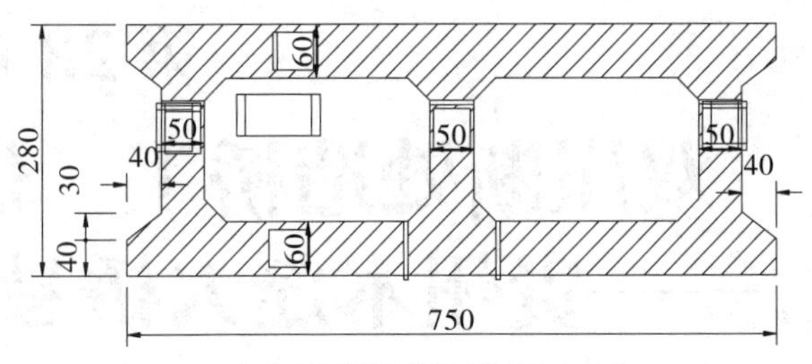

图 23.2　木蓬大桥拱脚截面断面图（单位：cm）

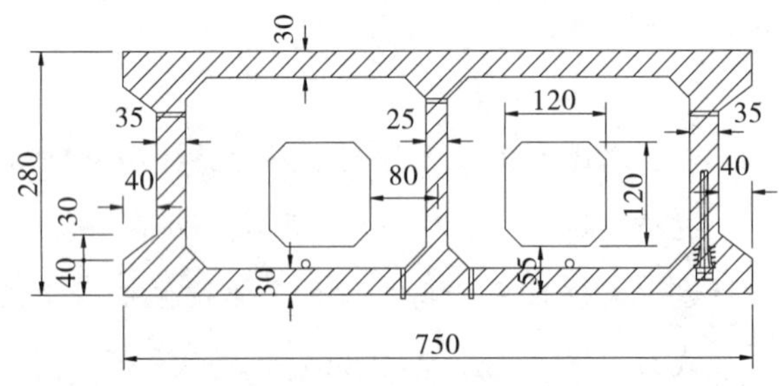

图 23.3　木蓬大桥标准截面断面图（单位：cm）

木蓬大桥拱座大体积混凝土采用一次浇筑成型；每幅拱箱分 27 个节段施工，其中两岸各设一个拱脚搭架现浇段，拱顶设一个吊架浇筑合龙段，其余 24 个均为挂篮悬臂浇筑段（图 23.4、图 23.5）。待主拱圈施工合龙（图 23.6）后，拆除临时扣、锚索，悬浇节段最大长度 7.14m（拱轴线长度），最大质量约 145.6t。拱上排架施工类似于常规拱桥排架施工，空心板的预制与一般桥梁空心板的预制类似，运用改装后的架桥机安装拱上空心板。

大桥的基本施工步骤为：扣挂系统设备准备和安装→两岸拱脚段支架搭设→拱脚段施工→安装和张拉第 1 号扣、锚索→拱脚段上安装挂篮→第二节段施工→安装和张拉第 2 号扣、锚索→前移挂篮→循环节段施工步骤至最大悬臂状态→施工合龙段→分级松扣（主拱圈施工完成）→拱上建筑施工→桥面其他工程。建成后的大桥恢宏大气（图 23.7）。

悬臂浇筑法是大跨度钢筋混凝土桥梁的主要施工方法，具有不受地形、通车通航等限制，设备起重要求低，环境破坏小和整体受力性能好等特点，在大跨度钢筋混凝土梁

图 23.4 贵州木蓬大桥拱圈节段悬臂浇筑状态

桥和斜拉桥施工建设中得到广泛应用。不同于钢筋混凝土梁桥和斜拉桥悬臂浇筑法施工时永久结构无需增加额外的临时结构就能形成自平衡的对称悬臂体系，钢筋混凝土拱桥依靠自身的永久结构无法形成悬臂浇筑的自平衡体系，必须增加额外的索塔、扣索、锚索等临时结构后才能形成施工平衡体系（图 23.8）。将悬臂浇筑法创造性地应用于钢筋混凝土拱桥的施工，能够克服不利地形的缺陷，使得拱桥也能像斜拉桥和连续刚构桥那样分阶段浇筑施工，这对于钢筋混凝土拱桥的发展具有里程碑式的意义。

国外自 20 世纪 60 年代开始采用悬臂浇筑法建造大跨度钢筋混凝土拱桥。克罗地亚（前南斯拉夫）于 1966 年和 1968 年分别建成了主跨 246m 的 Sibenik 桥和主跨 193m 的 Pag 桥，其中 Sibenik 桥是世界上第一座采用悬臂浇筑法建造的钢筋混凝土拱桥。在此之后，国外研究者采用该施工方法建造了多座创世界纪录的钢筋混凝土拱桥，如 1971 年建成的主跨 198m 的 Van Stadens 桥，1983 年南非建成的、主

图 23.5 贵州木蓬大桥拱圈节段悬臂浇筑挂篮

图 23.6 贵州木蓬大桥悬臂浇筑施工合龙状态

图 23.7 建成后的木蓬大桥

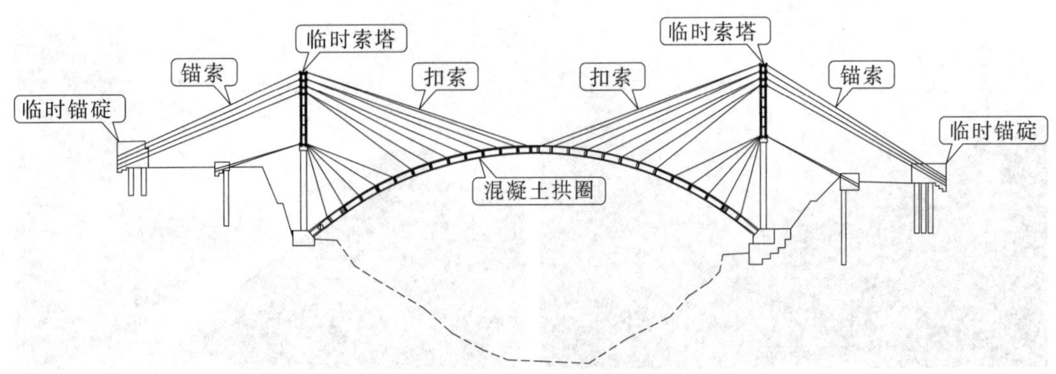

图 23.8　典型混凝土拱桥悬臂浇筑施工体系布置图

跨 272m、当时非洲跨径最大的 Bloukrans 桥，使得悬臂浇筑施工方法得到了广泛的推广和应用。1997 年克罗地亚采用悬臂浇筑法建成了净跨 200m 的 Maslenica 桥，2005 年又采用同样的工艺建成了主跨 204m 的 Krka 桥。2000 年美国首次采用悬臂浇筑法建成了主跨 123m 的 Crooked 桥；2010 年采用悬臂浇筑法建成了主跨 323m 的钢筋混凝土肋拱桥——胡佛水坝大桥，其为美国最大跨度的钢筋混凝土拱桥。2000 年德国采用悬臂桁架法建成了主跨 252m 的 Wilde Gera 桥。2002 年在葡萄牙，Port 采用悬臂桁架法建成了主跨 280m 的 Infante D. Henrique 桥。2005 年日本建成了本土跨径最大的钢筋混凝土拱桥——富士川大桥，其主跨达到了 265m。

在跨越山区河谷沟涧时，钢筋混凝土拱桥在技术、经济、美学及环保方面与其他桥型相比具有天然优势。钢筋混凝土拱桥，具有承载力强、造价低、外形美观、易维护、抗震性能和耐久性好等优点，是地质条件好的地区特别是山区桥梁建设的首选桥型之一。然而曾经很长一段时间我国对普通钢筋混凝土拱桥的应用和研究与其他桥型相比稍显滞后，在高速公路建设中，由于施工复杂，风险相对较高，跨径大于 150m 的钢筋混凝土拱桥在一定程度上受到排斥。甚至有些新建的山区公路，无论何种地形与地质条件，一律拒绝采用钢筋混凝土拱桥，代之以标准跨径 T 梁或连续刚构桥，从而出现大量的高墩桥梁。从某种意义上讲，这种不管桥位处的地形地貌而采用一刀切的做法是不科学、不经济的，同时也不符合环保和可持续发展战略。而悬臂浇筑法施工钢筋混凝土拱桥的出现一举打破了人们对钢筋混凝土拱桥的一些偏见，使得钢筋混凝土拱桥这种传统的桥型重新获得了桥梁设计师的青睐。2007 年在四川西昌 – 攀枝花高速公路建成的主跨 150m 的白沙沟 1 号桥为国内第一座采用悬臂浇筑法建造的钢筋混凝土拱桥，开启了悬臂浇筑法施工钢筋混凝土拱桥的新时代。而木蓬大桥是我国采用悬臂浇筑法施工的第二座大跨度钢筋混凝土拱桥，悬臂浇筑法在木蓬大桥的成功实施，填补了悬臂浇筑拱桥的多项空白，对大跨径钢筋混凝土悬臂浇筑拱桥的推广起到举足轻重的作用。从此，沉寂多年的钢筋混凝土拱桥从幕后走到了前台，在我国的西南部山区公路建设中备受青睐，仅在贵州地区就先后建成和在建有 10 余座悬浇钢筋混凝土拱桥，如主跨 288m 的锡绣大桥、主跨 248m 的清水江大桥、主跨 240m 的沙坨大桥等。

二、临危受命挑重担，恪尽职守显担当

木蓬大桥初步设计是跨径 150m 的预制吊装钢筋混凝土箱形拱桥，经过投资成本、工艺创新、方案优化、结构安全、成桥运营以及应用推广等各方面的充分调研对比，最终确定为跨径 165m 的挂篮悬臂现浇箱形钢筋混凝土拱桥。木蓬大桥工艺复杂、技术含量高，被列为贵州省内的科研桥，其主拱圈首次采用悬臂浇筑施工工艺，该工艺复杂，施工难度大，其中扣、锚索一次张拉控制、斜爬施工挂篮等均为国内首次采用。两岸拱脚 1 号段为支架现浇，拱顶合龙段为吊架施工，其余 24 个节段采用挂篮悬臂浇筑新工艺施工。

长沙理工大学田仲初教授团队于 2010 年 10 月 20 日参加贵州高速公路开发总公司组织的“贵州省思南至剑河高速公路桥梁施工监控及隧道施工监控量测服务第 3 标段”（木蓬大桥桥梁施工监控）的第一次招标，因为桥梁监控项目难度大，国内有钢筋混凝土拱桥悬臂浇筑施工控制经验的单位不多，参加监控投标的单位不足 3 家，第一次招标以失败告终，其后因相同的原因第二次招标也失败了。2011 年 5 月业主邀标进行竞争性谈判，最终拥有技术优势的长沙理工大学田仲初教授团队顺利中标。监控招标耽误了近 7 个月的时间，而木蓬大桥是整个思剑高速公路的控制性工程，为了不耽误整个高速的建设工期，在大桥施工监控招标期间大桥的施工并未停止。因此，大桥业主邀请了国内一家具有丰富拱桥施工监控经验的单位参与了前期的监测与计算工作，该单位也委派经验丰富的团队进驻施工现场，在拱座内布置温度和应变传感器，同时组织精兵强将进行施工控制的仿真计算。

钢筋混凝土拱桥在悬臂浇筑施工时，混凝土拱圈属于一端固结一端自由的悬臂曲梁受力状态，需要依靠扣索提供的张力来保证混凝土的拉应力不超限，以避免混凝土的开裂。而混凝土的抗拉强度远低于其抗压强度，且钢筋混凝土内部并无预应力筋作用，因此悬浇混凝土拱圈的安装扣索索力计算并不能直接借鉴钢筋混凝土斜拉桥的施工索力计算方法。钢筋混凝土斜拉桥的混凝土主梁内部设有预应力筋，预应力筋可以使混凝土主梁截面上具有一定的压应力储备，从而使得斜拉桥拉索初张力的可行域比较大，相对较容易找到一组满足悬臂浇筑阶段混凝土拉应力不超限的施工索力。而混凝土拱圈内部由于没有预应力筋的作用，随着施工节段的增加，张拉的扣索越来

越多，施工体系的超静定次数越来越高，后续张拉的扣索对前面已浇筑的拱圈节段都有影响，而拱圈在施工过程中还受到混凝土收缩徐变、温度、扣索张拉力误差、混凝土方量误差等多重因素的影响，施工过程中拱圈截面的上、下缘极易产生拉应力超限的情况，扣索初张力的可行域比斜拉桥拉索初张力的可行域小很多。另一方面，由于钢筋混凝土拱桥悬浇施工所用的扣、锚索及锚具都属于临时结构，为了节省施工成本，其可靠度和安全系数都比斜拉桥采用的拉索和锚具低一些。因此，为了降低施工风险和提高施工效率，扣、锚索一般都优先采用一次张拉的方法，即只在施工当前节段混凝土拱圈时张拉对应的扣、锚索，后续节段施工直至合龙的所有阶段，已张拉的扣、锚索都不再进行调索。无需进行调索的一次张拉到位法给扣、锚索初张力的计算提出更高的要求，如果扣、锚索的初张力计算不合理或不准确，将造成施工期拱圈混凝土开裂或成桥状态偏离控制目标。因此，扣、锚索初张力的计算关系到悬臂浇筑施工的成败，是施工控制的关键工作。业主前期邀请的监控单位在扣索初张力的计算上遇到了瓶颈，一直没有拿出合适的扣、锚索张拉方案。

长沙理工大学田仲初教授团队中标进驻现场后，木蓬大桥两岸拱座都已施工完成，剑河岸拱圈的拱脚支架现浇段施工已经开始，为了不影响施工进度，监控团队必须在短时间内提供精确的扣、锚索力，此时遇到了前期监控单位同样的困难，而且计算的时间更短，压力更大。该类桥梁的施工控制国内外均无成熟经验可借鉴。团队成员面对巨大挑战，业主对能否如期完成计算充满了疑虑，前期监控单位也觉得他们完成不好的工作其他团队也未必能完成。如果在悬臂浇筑施工正式开始前提供不了扣、锚索的张拉方案，大桥的施工将停止，现场上百号工人将停工待命。在这种高压条件下，团队成员克服巨大心理压力，通宵达旦、废寝忘食地调试模型，百折不挠、锲而不舍地进行计算分析，经过无数次尝试之后，终于在 10 天内通过计算得到了一次张拉到位的施工过程扣、锚索力，多方验证之后证实了田仲初教授团队提供的方案正确可行，能够满足悬臂浇筑施工的需求，保证施工期拱圈混凝土不开裂和成桥后能达到设计目标，为木蓬大桥的施工赢得了宝贵的时间，为大跨度钢筋混凝土拱桥悬臂浇筑施工的成功实施奠定了基础，获得了业主和同行的高度评价。

三、开拓创新谋思路，笃行实干启新篇

木蓬大桥是我国第二座采用悬臂浇筑法施工的钢筋混凝土拱桥（当时同类工艺跨径国内第一）。该施工方法在国内应用较少，考虑到钢筋混凝土拱桥自身的重量大、悬臂长，施工工艺复杂，施工难度大，有许多新的施工控制因素还有待研究；施工过程中，

受混凝土收缩徐变和施工工艺的影响，拱圈线形控制难度大；同时施工中扣、锚索力调整和塔架的变形也会加大施工控制难度；成拱后进行上部结构的修建，结构要经过多次体系转换，结构内力变化较大，也加大了施工控制的难度。图 23.9 为木蓬大桥拱圈施工完成状态。

图 23.9　贵州木蓬大桥拱圈施工完成状态

在钢筋混凝土拱桥悬浇施工过程中，扣、锚索力对拱圈结构的内力和线形影响较大，因没有预应力，其敏感程度远大于悬浇施工的钢筋混凝土斜拉桥主梁，斜拉扣挂拉索索力调整稍有偏差，就会导致拱圈结构的开裂；同时拱圈线形和内力还受到诸多因素的影响，如拱肋立模误差、拉索（扣、锚索）垂度效应及结构几何非线性、温度变化、收缩徐变、塔架偏位、挂篮刚度、索力张拉误差、扣索与锚索布置（扣点位置及倾角角度等）等；此外，悬浇施工中的扣塔、扣索和背索等都为临时结构，其安全系数一般都小于同等跨度钢筋混凝土斜拉桥的索塔、斜拉索等永久结构，如果专门提高临时结构安全系数，必然会增加施工成本，施工控制必须在施工安全性和经济性方面找到一个最优平衡点，施工风险和难度要远高于一般钢筋混凝土斜拉桥。由此可见，大跨度悬浇钢筋混凝土拱桥施工安全控制是一个非常复杂的系统工程，要确保拱桥在施工过程中临时塔架——扣、锚索与悬臂拱肋结构耦联体的受力状态和变形始终处在安全范围内，成桥后的拱肋线形符合设计期望，成桥后结构的受力处于最优状态，同时整个施工过程具有良好的经济指标，这是一个典型的多目标优化问题。监控单位长沙理工大学田仲初教授团队在木蓬大桥悬臂浇筑施工控制的实践基础上，经过长期思考，总结提炼出了基于多目标优化的悬浇施工钢筋混凝土拱桥构形与安全控制的理论与方法，解决了钢筋混凝土拱桥的悬臂浇筑施工的安全和成本方面的难题，从此钢筋混凝土拱桥悬臂浇筑施工有了科学方法的指导，施工过程的安全性、经济性以及成桥状态都得到了保证，极大地推动了大跨度钢筋混凝土拱桥的发展。

四、结语

相较于预应力混凝土刚构桥和钢筋混凝土斜拉桥，采用挂篮悬浇扣挂法施工的大跨度钢筋混凝土拱桥，其成桥后的承载能力大，耐久性好，养护成本较低，建设周期较短，经济性较好。钢筋混凝土拱桥采用挂篮悬臂浇筑施工实现了钢筋混凝土拱桥类似于连续刚构桥和斜拉桥的节段悬臂施工标准化方法，但其施工需要索塔、扣索、锚索、锚索锚固体系等临时结构才能保证悬臂浇筑的安全，施工成本相对较高，且悬臂浇筑施工过程中混凝土拱肋极易开裂。监控单位长沙理工大学田仲初教授团队提出了基于多目标优化的悬浇施工钢筋混凝土拱桥构形与安全控制的理论与方法，解决了钢筋混凝土拱桥悬臂浇筑施工的安全和成本方面的难题，提高了此类桥型结构的竞争力，促进了悬臂浇筑法在大跨径钢筋混凝土拱桥建设中的推广和应用。

第24章

跨越天堑巴蜀通，科技助力振兴功——四川水落河特大桥施工监控的长理智慧

四川水落河特大桥是一座在建的上承式钢筋混凝土悬臂浇筑拱桥，主桥计算跨径335m，建成之后将成为世界最大跨径公路悬臂浇筑钢筋混凝土拱桥，在拱桥发展史上具有里程碑意义。大桥位于四川省泸州市古蔺县，作为全线控制性工程，水落河特大桥地处四川盆地边缘乌蒙山区，跨越深谷，施工条件差，环境受限，地质条件复杂，建造难度尤为突出。监控单位长沙理工大学田仲初教授团队采用基于多目标优化的构形与安全控制方法，解决了大跨度钢筋混凝土拱桥悬臂浇筑施工中的多项技术难题，充分发挥不畏艰险、艰苦奋斗的精神，为大桥的高效高质建成提供了有效的技术支撑。

一、四川水落河特大桥简介

古蔺至金沙高速公路（古蔺至川黔界段）的建设将使四川南向综合运输大通道变得畅通，加强四川与北部湾港口、粤港澳大湾区的陆路通行能力，提升泸州市交通区位优势，为川南融入“一带一路”建设和长江经济带发展、实现社会经济跨越式发展提供重要的支撑。同时，项目的建设对完善川黔高速公路网、改善区域投资环境、推动区域资源开发、促进区域旅游业发展、实现“乡村振兴”战略具有重要意义。

大桥（图24.1）主桥为上承式钢筋混凝土悬臂浇筑拱桥，主桥桥面系采用跨径11×31.75m的预应力混凝土简支I形梁+组合桥面板；古蔺岸引桥采用9孔40m跨径预应力混凝土简支T梁，金沙岸引桥采用25孔（右幅24孔）40m跨径预应力混凝土简支T梁。桥梁全长左幅1721.25m，右幅1676.20m。

主拱采用等截面悬链线无铰拱，计算跨径335m，矢跨比1/4.2，拱轴系数1.8。主桥上、下部均采用左、右幅分幅设计，上、下部构造及拱座构造的左、右幅均不相连。左、右幅均采用两个单箱单室结构拱肋，分离式两肋间以横隔板相连；各拱肋均为八边形单箱单室结构，横向等宽4m，箱高6.5m；标准段顶、底板厚0.4m，腹板厚0.3m；拱圈两岸拱脚附近的12号节段为加厚段，加厚段顶、底板厚0.5m，

图 24.1 水落河特大桥效果图

腹板厚 0.4m；3 号标准段设置 5.5m 渐变段，顶、底板厚由 0.5m 线性变化至 0.4m，边腹板厚由 0.4m 线性变化至 0.3m。拱肋均采用 C80 高韧性钢纤维混凝土浇筑，钢纤维掺量为 40kg/m^3。

拱肋分 45 个节段施工，拱脚 1~2（1′~2′）号段采用搭架现浇；3~22（3′~22′）号段采用挂篮悬臂浇筑，悬浇段长度 6.07~10.07m，最重节段悬浇质量约为 197t；跨中 23 号合龙段长 2m，采用吊架施工。

超大的跨径以及独一无二的截面形式等都为水落河特大桥的建造者们带来了巨大挑战，同样也是摆在长沙理工大学田仲初教授团队面前的难题。

二、凝心聚力攻难题，追求卓越创佳绩

拱桥悬臂浇筑施工实施监控是通过现场监测和数值分析等手段，对扣索、锚索、扣塔、拱圈等施工过程中的结构内力和位移状态进行有效的监测、分析和预测，为施工单位提供决策技术依据，也为结构控制提供理论数据，从而正确指导施工，保证整个结构在施工过程中的安全并最终达到设计成桥状态。面对一项如此庞大的工程，田仲初教授团队迎难而上，充分发挥了湖南人“吃得苦、耐得烦、霸得蛮”的精神，在经历了数不清的昼夜奋斗后，克服了一个个技术难题。

首先需要解决的问题是建立合理的计算模型。对于水落河特大桥来说，精细化的建模过程可以说是十分不易。在建模初期，材料选择、单元之间的连接方式确定、边界条

件确定、荷载等效方式等因缺乏经验，困扰了团队许久，经过大量的文献查阅与团队间相互讨论，方才逐步掌握建模技巧。不过这些仍不是模型建立最困难的内容，确定扣、锚索的初拉力才是重中之重。

对于采用悬臂浇筑法施工的钢筋混凝土拱桥，拱圈线形能通过拱圈各节段立模标高进行调整，故其拱圈截面应力为主要控制目标。在混凝土拱圈悬臂浇筑施工过程中，拱圈截面的顶、底板应力拉、压交替显现且转化迅速，施工风险高且控制难度较大，田仲初教授团队创新式地将多目标优化思想和求解方法引入到悬臂浇筑钢筋混凝土拱桥施工阶段索力优化和满足成桥状态所需的索力调整优化过程中，采用带精英策略的快速非支配排序遗传算法（NSGA-Ⅱ）进行多目标优化求解。可通过调用 Matlab 与 ANSYS 编程系统将 NSGA-Ⅱ优化算法与有限元模型相结合来求解合理的施工扣、锚索力，在 ANSYS 分析处理中只需输出相关的 APDL 文件结果，再通过 Matlab 程序调用 APDL 文件分析结果，能够实现两者有机结合。最终，在田教授的指导和大家的努力下，监控人员利用桥梁有限元分析软件 Midas Civil 成功建立了全桥有限元模型，获得了合理的施工扣、锚索初拉力（图 24.2）。

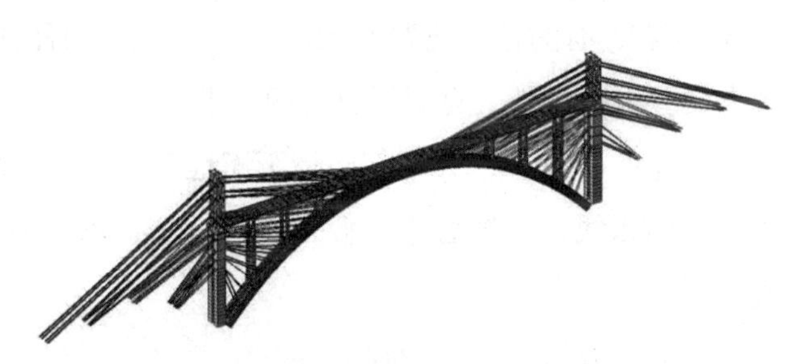

图 24.2　水落河特大桥主桥仿真计算模型示意图

在拱桥施工过程中，由于具有较多的不确定性和误差，需要根据现场的实际情况来对模型进行修正。田教授以其资深阅历和扎实的专业知识，在专业指导方面倾囊相授。设计参数误差分析和识别的内容有：（1）节段混凝土浇筑对结构的影响；（2）扣索张拉力误差对结构的影响；（3）风缆张拉力误差对结构的影响；（4）拱肋节段自重误差对结构的影响；（5）结构刚度误差的影响；（6）温度及材料热膨胀系数误差的影响。众多的施工误差使监测过程变得十分繁琐与复杂，需要监控人员进行大量的测量和计算工作。若根据现场实测数据计算出的误差影响成桥目标线形，则在下一节段拱圈浇筑前发出指令，对误差及时调整。

同时在施工监控过程中也存在着许多需要随时克服的困难，比如采用的新型倒三角挂篮。水落河特大桥拱圈截面为创新式的八边形截面（图 24.3），这在国内是独一无二的，为此设计了一套新型挂篮。前期工人为了熟悉其结构和操作花费了大量时间；夏季高温达 40 多摄氏度，又受地区限电的影响，前期进度滞后，只能后面压缩工期，工作量倍增。部分监测工作需要监控人员爬到拱背或者挂篮上，十分耗费体力，往往需要休息多次才能到达挂篮上面。驾车行驶在狭窄、坑洼不平的山路上，十分考验司机的

图 24.3　水落河特大桥新型八边形挂篮

技术。有一次在乘车返回项目部的路上，汽车因路面颠簸而失控撞向一旁山体，一只轮胎卡在排水沟里动弹不得。最后靠大家齐心协力将车辆一点点抬离排水沟，才得以化险为夷。

在监控过程中还有许多无法预料的问题，例如时间紧迫、设备故障、监测人员疲劳等等。扣、锚索张拉（图 24.4）时，监控人员需等待技术员、测量人员、施工操作人员、监理等全部到场才能进行张拉工作。实际张拉时，往往因各种问题导致张拉时间远超预计时间，比如油压泵没油了、张拉操作的工人未到场、现场停电等，扣、锚索张拉有效时间大约为 2h，可实际经常需要 3h 左右，有时甚至花费 5h 以上。面对现场的种种挑战，监控团队从来没有退缩，以极大的毅力和韧性，克服了所有的困难和障碍（图 24.5~ 图 24.12）。无论是在炎热的夏季还是寒冷的冬季，大家都坚持不懈地工作，随着施工梁段逐渐在水落河上方划过一道优美的弧线，大家心中的疲乏、枯燥之感瞬间消失，取而代之的是满满的自豪感与成就感。

三、工程自有温情在，青年应当图自强

尽管工作极为辛苦、枯燥，水落河特大桥项目部的不少青年给工地生活带来了活力。空闲时可以在项目部的运动场约一场篮球、乒乓球，伴随着汗水的挥洒，工作上的一切劳累也随之烟消云散。同时，团队之间越来越有共同话题，归属感也越来越强（图 24.13）。

图 24.4　扣、锚索张拉（锚索端）

图 24.5　监测拱圈、挂篮应力

图 24.6　监测拱圈标高

图 24.7　监测钢扣塔应力

图 24.8　悬臂施工中的水落河特大桥

图 24.9　夜晚施工中的水落河特大桥

图 24.10　田仲初教授在水落河特大桥

图 24.11　水落河特大桥钢扣塔 1

图 24.12　水落河特大桥钢扣塔 2

印象尤其深刻的是 2022 年疫情严重的那段时间，当时大部分人都是第一次感染，症状相对比较严重，在偏僻的山区很多药品都买不到，后来是项目部买来了药分发给大家。阳性患者集中隔离，每天做好饭菜送到隔离区……这些举措让出门在外的游子感受到了家一般的温暖。

图 24.13　项目部打篮球

节假日项目部经常举行欢庆会，大伙儿坐在一块吃饭、聊天。在中秋节，项目部特地组织做了一大堆美食，摆了十来桌饭菜，项目建设者们欢聚一堂与远在外乡的兄弟们共度节日，欢声笑语不断（图 24.14）。工人们也深深地感受到了项目部浓浓的关爱与温暖，脸上幸福洋溢。项目部上下沉浸在一片温馨和谐的喜庆气氛中。

图 24.14　项目部中秋欢庆会聚餐

2023 年 5 月 4 日，为了体现当代青年桥梁人锐意创新的勇气和敢为人先的锐气，由《桥梁》杂志社主办，四川公路桥梁建设集团有限公司承办，泸州市交通运输局支持的“对话青年桥梁人——五四特别活动”在四川省泸州市古蔺县水落河特大桥项目现场举办（图 24.15）。

参与活动的行业青年既是“桥梁人”，也是“交通人”，更是中国基建行业无数建设者的代表。现场共有 12 位青年代表通过演讲和访谈的形式，讲述与桥梁有关的青春故事。中交路桥建设有限公司刘钊表示：“其实在工作上我何尝不也是一座桥梁，一头连接着理想的设计图纸，一头连接着产业工人，过程艰辛，但当大桥通车那一刻，看着滚滚车流快速穿越天堑，内心是幸福与自豪的。我这座桥梁也有两个锚碇，一个就是理想，一个就是坚持，为了理想能坚持、有担当，才能创造无愧于时代的人生！”

图 24.15 “对话青年桥梁人”活动现场

活动中，行业前辈为“青年桥梁”代表颁发传承纪念牌，寄托深切期望。来自建设一线的“青年桥梁”代表们还通过歌声和情景剧的方式，展现了他们青春激昂的风采。

四、结语

四川水落河特大桥建成之后将成为世界最大跨径公路悬臂浇筑钢筋混凝土拱桥，在拱桥发展史上具有里程碑意义。监控小组完成了锚碇连接件优化、挂篮计算复核、横向抗风计算、拆索顺序优化、节段局部分析、扣塔局部验算及优化等工作，实现了多项技术上的攻关。水落河特大桥已于 2023 年 8 月实现合龙。大桥建成后，对于打造中国白酒金三角及川滇黔渝旅游环线、促进资源有效利用、巩固沿线城镇脱贫成果、实现乡村振兴具有十分重要的意义。在水落河特大桥的建设过程中，监控团队中的学生们学到的不仅仅是工程上的专业知识，更明白了做好一件事需要坚持不懈、迎难而上、刻苦拼搏的精神。作为祖国桥梁建设的一分子，希望这种精神能够继承和发扬光大，希望我国的桥梁事业能够更上一层楼！

第5篇

银龙梁桥横河畔，工匠精神行长理

本篇主要讲述长沙理工大学土木工程学院参与建设的四个具有代表性的桥梁案例，分别是宜万同城快速通道项目的跨沪昆高速桥、余庆县龙溪镇的小乌江大桥、玉石高速的石阡河大桥和长沙市猴子石与黑石铺大桥之间的湘府路湘江大桥。通过这些案例，我们能够了解到不同桥梁项目的背景、设计特点以及其对交通和经济发展的重要作用，同时也能深深体会到桥梁工匠精神的传承和价值。由此滋养学生团队合作、勤奋学习、实事求是、创新创业的精神品质，激励学生在土木工程领域中追求卓越，发扬工匠精神，为国家发展作出贡献。

第25章

尽心尽力促学子成才，不忘初心干桥梁事业
——产学融合助力家乡桥梁建设

跨沪昆高速桥作为宜万同城快速通道项目的关键节点，起点位于江西省宜春市中心城区，终点位于万载县，延伸至上高县，是宜春市的重要连接通道。祖籍江西安福的长沙理工大学彭建新教授带领两名研究生负责该桥的施工监控工作，确保家乡桥梁主桥施工监控工作顺利完成，为桥梁顺利合龙提供了坚实的技术指导。

一、跨沪昆高速桥介绍

宜万同城快速通道项目是宜春市重点基础设施建设项目。宜万同城快速通道通车后通行时间仅需 40min 左右，而以往国道路线通行时间需要 70 多分钟。该项目的建设，增强了宜春市区域路网连通度，为宜春市乃至整个江西省经济发展增添了动力，为继续实施“宜商回归”工程、鼓励各地建设宜商回归创业园提供了有力支持，可确保返乡创业项目进得来、发展好，对提升宜春中心城区首位度、加快建设宜万经济走廊、促进宜春高质量发展具有重要意义。

要致富，先修路。公路、桥梁是现代社会运行、经济发展的命脉。一座座桥梁或飞架江河，或衔接东西。江海峡谷，从此闲庭信步，长江天堑也成通途。跨沪昆高速桥（图 25.1）作为宜万同城快速通道项目的关键节点，确保主桥按照要求顺利合龙至关重要。跨沪昆高速桥主桥为三跨预应力混凝土连续箱梁桥，跨径为（53+85+53）m，5 号墩为固结墩，箱梁根部梁高 4.8m，跨中梁高 2.3m。箱梁 0 号节段长 12m，每个悬浇 T 梁纵向对称划分为 10 个节段，梁段数及梁段长从根部至跨中分别为 4 × 3m、6 × 3.5m，

图 25.1　跨沪昆高速桥全景图

节段悬浇共 33m。主桥半幅桥宽 21.75m，采用单箱三室箱形断面，其中箱梁底宽 16.75m，主桥翼缘板悬臂长 2.5m。跨沪昆高速桥主桥与沪昆高速公路呈十字形交叉。

二、生产融入科研，全面培养学生

从教以来，彭建新教授指导了 10 余名博士以及 40 余名硕士研究生，在第一次和学生见面沟通时，他都会不厌其烦地告诫学生，第一，作为学生需要具备坚实的理论知识，在学习中努力学习每一门课程并拓展阅读文献资料，丰富自己的理论知识和专业技能，夯实基础，加强科研水平的提高和研究能力的培养。第二，作为研究生需要保持敏锐的观察力和思考力。在实践过程中注意观察和发现新现象，并且积极思考背后的原因和本质，对各种各样的疑惑要学会自问自答，从而驱动思考，培养对问题的探究和解决的能力。最后，作为土木工程从业人员，理论和实践是不可分割的，学习过程中不能只停留在纸上谈兵，更要注重实践。只有在实践中，才能深入了解和掌握知识，才能积累更多的经验和技能。对于土木工程领域的学生来说，必须参与项目，拓宽实践经验，学以致用，这样才可能取得更好的发展和更高的成就。

周鹏程与赵洋是彭建新教授课题组的研究生，三年的学习时光，彭老师悉心指导，认真负责，倍加关心，切实解困。在完成学校的理论课程学习后，二人主动申请前往项目上进行锻炼，在跨沪昆高速桥担任现场监控技术人员，负责桥梁现场线形测量、应力监测等工作，在施工现场留下了他们认真学习和工作的身影（图 25.2~ 图 25.5）。在彭建新教授的带领下，跨沪昆高速桥主桥施工监控工作顺利完成，桥梁顺利合龙。谈起在宜春跨沪昆高速桥监控项目上近一年的实践生活，周鹏程说自己获益匪浅，非常激动能够亲自见证、参与一座桥梁建设的全过程。这段经历培养了他的专业能力，让他全面了解了桥梁建设过程，提升了自己的沟通能力，增强了自己的专业自信，这是在学校里难以收获到的。在彭老师的指导下，他首先建立了跨沪昆高速桥主桥的有限元模型，对桥梁悬臂施工工况进行了分析，对项目有了初步的了解。“初到项目上，我和赵洋内心忐忑不安，时常感觉自己无法完成这座桥梁的施工监控工作，又担心在项目中出错，导致桥梁施工过程中出现问题，进而影响整个项目。所幸前期彭老师亲自带队到一线，言传身教，教会了我们如何对桥梁开展施工监控，如何采集到正确的施工数据，如何对采集到的数据进行处理，如何综合运用有限元模型结果、理论计算数据和工程上一节段数据来推导后续施工的数据。此外，跨沪昆高速桥项目建设期间，我们也面临着疫情所带来的挑战。彭老师虽无法亲自来项目部主导工作，但他在学校里经常采用视频、电话等方式和我们保持高效的交流沟通，为我们解答技术方面的疑惑。在彭老师的带领下，我和赵洋很快进入了‘状态’，从一个从未参与过桥梁施工监控的学生，成长为能独当一面

图 25.2 挂篮预压

图 25.3 应力监测

图 25.4 边跨现浇段支架

图 25.5 线形监控

的桥梁施工监控技术人员，对于项目中的监控数据做到了心中有数。这次项目经历培养了我们解决问题的能力，使我们受益终身。”

全桥施工监控工作的最大难点和风险在于箱梁宽度过大，顶板横向宽 21.75m，箱底宽 16.75m，翼缘悬臂长 2.5m。箱梁宽度过大会引发同一截面的不均匀下挠，这给桥梁的监控工作带来了巨大的挑战。面对困难与挑战，监控团队主动出击，为了降低桥梁合龙的风险，减小桥梁合龙时的误差，通过多次和彭老师讨论以及进行可行性分析，不断优化监控方案，制定了详细的监控流程和质量保证措施，同时在桥梁横截面设置了多个观测点，在每个节段施工时都反复进行测量，得到主梁不同位置的下挠值，以此来分别确定同一截面不同点处桥梁的预抬值。通过不断的优化与修正，跨沪昆高速桥主桥实现了高精度自然合龙，无强迫合龙措施。主梁应力与线形均得到了较好的控制，各项指标偏差均在规范容许范围之内，主梁线形总体平顺，结构受力合理。结果表明该桥的施工控制方法科学，监控成果理想，施工控制工作达到了预期的效果。图 25.6 为通车后的跨沪昆高速桥。

图 25.6　跨沪昆高速桥正面图

在参加现场项目的同时，彭老师还叮嘱学生：首先，不能落下科研，在保证项目安全可靠开展的前提下，及时且高质量地完成论文。彭老师通过了解学生自己的想法，因材施教，根据学生喜爱的科研方向以及毕业后想从事的职业，有针对性地培养学生的专业技能与素养。其二，定期交流，步步跟进。定期组织研究生召开学术讨论会，汇报研究进展，分配新的研究任务。其三，强化管理，指导研究。加强对研究生的学术管理与研究指导，培养其基本的学术道德与学术规范意识。其四，教书育人，立德树人。教给学生为人处世的基本道理，做人要大度、治学要严谨，生活中要讲大智慧、莫要小聪明。在彭老师的指点下，二人完成了各自的小论文，并分别被 EI 期刊和核心期刊录用，这既是他们个人努力的成果，也是彭老师诲人不倦的结果。

三、深入建设一线，助力家乡发展

桥梁施工监控是确保桥梁在施工或使用阶段完美遵循设计思路的一种手段。特别是近几年来，桥梁跨度、结构形式有了很大的突破，用常规的计算或测量手段，很难准确地得出桥梁在各种工况下的受力状况，必须引入监控作为辅助控制手段，在大型桥梁的施工中指导和调整施工顺序。

“我是江西安福人，江西养育和培养了我，我的梦想便是学有所成后能够为家乡建设出一份自己的力量。能够承担家乡跨沪昆高速桥主桥的施工监控工作是我的荣幸！感谢家乡对我的培养与关心！”在成功完成宜万同城快速通道跨沪昆高速桥主桥施工监控工作后，彭建新教授说出了这么一番话。彭建新教授来自江西安福，家乡山岭交错，水系遍布。山与山仿佛挨着，却要绕路几十里，河的对岸看着也不远，却要花好几个小时。积年累月间，一颗“造桥”的种子在他心中悄悄萌芽。成功考上研究生后，他义无反顾地选择了土木工程专业，努力学习桥梁方向的知识，硕士和博士阶段分别师从桥梁工程领域专家颜东煌教授与邵旭东教授。多年来，彭建新教授先后主持了席子河大桥、石子窝大桥、石阡河大桥等多座桥梁施工监控工作。一路走来，完成了从连续梁桥、刚构桥再到斜拉桥多种类型桥梁的施工监控，他凭借不畏难、不服输的劲头，攻克了一道道难关。

彭建新教授说道："桥梁的施工监控是一个随着施工节段的进行而反复循环的过程，施工、测量、判断、修正、指令、施工反复进行，我们要做的就是依据上一节段施工后的数据，参考模型以及理论值来予以修正，将可能的误差尽量消除，给出下个工况的施工监控指令，在现场形成良性循环，以便桥梁顺利合龙。"在宜万同城快速通道跨沪昆高速桥项目建设期间，彭建新教授常常以身作则，身处项目现场，带领监控项目组成员完成数据整理、方案确定、施工指令下发等。监控组成员在分析监控数据时发现施工方在浇筑混凝土时顶板常常会厚一点，尤其在翼缘板侧更加严重，这样会造成很大的影响：首先，厚度不均匀会影响桥面的横坡与纵坡，严重影响桥梁的线形，后续桥面铺装不好调整，运营阶段行车不舒适，容易造成交通危险；其次，混凝土浇筑过厚会导致桥梁的自重增加，降低了桥梁的承载力，容易引起安全问题。彭建新教授及时与施工单位沟通交流，提出要严格控制混凝土浇筑的厚度，在浇筑完成后立马清理掉多余的混凝土，避免局部区域过厚。施工方积极采纳意见，在后续节段施工时效果良好，少有混凝土浇筑过厚的现象。桥梁建设期间也面临着疫情所带来的挑战，疫情严重时彭建新教授无法前往现场进行研究与指导，为了达到最优监控效果，他与现场监控人员、项目部技术人员保持每周最少两次的密切沟通，及时对桥梁施工现场方面的问题给予反馈。

四、结语

桥梁施工监控是桥梁施工技术的重要组成部分，它是在整个施工过程中，运用现代控制理论对施工误差进行识别、调整和预测，使桥梁施工最大限度地接近理想状态。跨沪昆高速桥的施工监控，是彭建新教授及其团队在产学融合上的重大实践，让科研深入施工一线，解决了一系列重点难点问题，也培养了一批优秀的桥梁从业者。

彭建新教授热爱家乡、不忘初心的精神追求，不怕困难、以身作则的人生信念，精益求精、兢兢业业的工作态度影响着施工监控团队。在他的引领下，桥梁施工控制精度达到设计要求，跨沪昆高速桥施工监控工作圆满完成。

第 26 章

巨龙横卧小乌江，驾雾腾云惠黔乡——奋力推进西部交通强国建设

小乌江大桥是贵州德余高速上一座具有施工技术挑战性的刚构桥，最高墩达 114m，0 号块混凝土方量大，地质条件复杂。桥梁参建各方齐心协力，开展多次技术方案研讨，克服了诸多技术难题，最终于 2022 年 7 月 5 日顺利完成桥梁合龙。在项目开展过程中，长沙理工大学田仲初教授团队以专业严谨的态度，不怕苦、不怕累的工作作风，高标准、高质量地完成了小乌江大桥施工全过程监控工作，获得了业内外一致好评。

一、小乌江大桥简介

小乌江大桥（图 26.1）位于余庆县龙溪镇，跨越小乌江，桥梁与小乌江呈约 163° 大角度斜交。小乌江走向整体呈南西至东北向。桥址区余庆岸有村通公路，交通条件便利；德江岸桥址区交通不便。桥址区属构造剥蚀溶蚀低山地貌，地形起伏较大。

桥梁跨越 V 字形沟谷，沟谷底部宽约 20m。德江岸位于深切割 V 字形沟谷东侧斜坡，斜坡呈上缓下陡折线形坡，坡脚近似直立陡崖，平均自然坡角约 50°。余庆岸位于斜坡下部哑口西侧，斜坡呈上陡、中部较缓、下部较陡的折线形坡，平均自然坡角约 35°。桥位区范围内轴线高程 586~766m，相对高差约 180m。

主桥上部构造为（70+130+130+70）m 四跨预应力混凝土连续刚构箱梁，箱梁根部梁高 8.5m，跨中梁高 3.3m，顶板厚 28cm，墩顶箱梁顶板加厚到 48cm，底板厚从跨中至根部由 32cm 渐变为 80cm，腹板从跨中至根部分三段采用 45cm、60cm、75cm 三种厚度，箱梁高度和底板厚度按二次抛物线变化。箱梁顶板横向宽 12.55m，箱底宽 6.5m，翼缘悬出长度 3.025m。箱梁 0 号节段长 13m（包括墩两侧各外伸 2m），每个悬浇“T”梁纵向对称划分为 16 个节段，梁段数及梁段长从根部至跨中分别为 13 × 3.5m、3 × 4.0m，节段悬浇总长 57.5m。边、中跨合龙段长均为 2m，边跨现浇段长 4m。箱梁根部设 2 道厚 2.5m 的横隔板，中跨跨中设 1 道厚 0.4m 的横隔板，边跨梁端设 1 道厚 1.6m 的横隔板。小乌江大桥主桥右幅立面布置和箱梁断面如图 26.2、图 26.3 所示。

图 26.1　成桥后的小乌江大桥航拍实景图

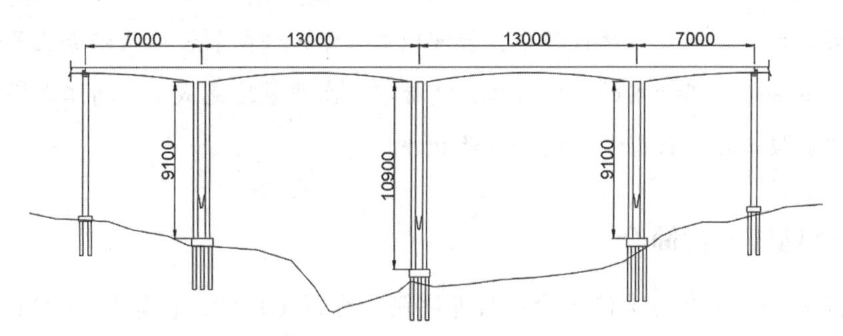

图 26.2　小乌江大桥主桥右幅立面布置图（单位：cm）

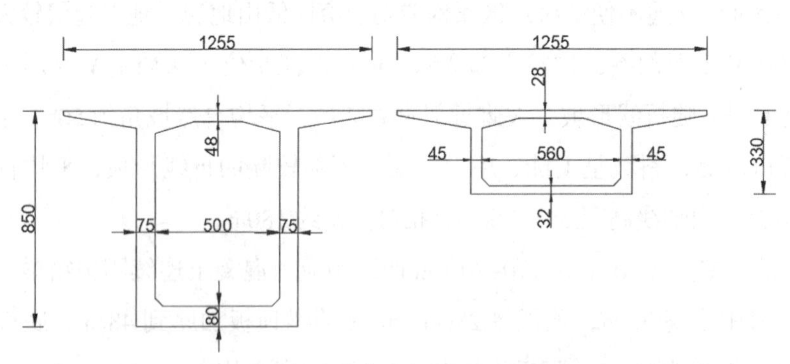

图 26.3　箱梁根部与跨中断面图（单位：cm）

主桥上部构造按全预应力混凝土设计，采用三向预应力，纵、横、竖向预应力采用现行国家标准《预应力混凝土用钢绞线》GB/T 5224 高强度低松弛钢绞线，其标准强度 f_{pk}=1860MPa，E_p=1.95 × 105MPa，松弛率小于 0.035，设计锚下张拉控制应力 1395MPa。箱梁纵向钢束每股直径 15.2mm，为大吨位群锚体系；顶板横向钢束每股直径 15.2mm，为扁锚体系；部分竖向预应力采用 JL 精轧螺纹钢筋。纵、横向预应力束管道采用预埋金属波纹管成孔，真空辅助压浆工艺。

二、BIM 助力智能建造

BIM 是一种现代的建筑信息化技术，具有协调性、可视化、数据集成以及可出图性等显著特点。除此之外，BIM 技术的信息集成可以将桥梁全寿命周期内的数据信息反映在同一个模型中，可以有效避免信息在不同专业人员之间的传递过程中丢失。BIM 技术凭借其强大的数据共享、数据集成、多维展示等能力，为桥梁挂篮悬臂施工过程的监测开拓了新的思路。

连续刚构桥施工监控的目的是使桥梁线形和内力处于合理的状态，因此，在梁段施工过程中进行动态监控尤为重要。BIM 技术的出现在一定程度上可以促进桥梁在施工过程中的动态监控，通过监控数据与 BIM 模型结合进行一定的预警分析，达到对后续施工梁段的控制，最终实现成桥状态下的线形和内力符合设计规范。

大跨径连续刚构桥悬臂施工过程中，线形监控对于保证桥梁施工过程安全并最终达到理想成桥线形起重要作用。应力监控对确保桥梁施工过程中结构受力状态在合理的范围之内、能够正常投入运营起关键性作用。施工现场的实测数据有时难以直观反映桥梁的具体情况，BIM 信息化技术的监控信息管理可有效解决这一问题。对于现场测量数据是否超出一定的阈值，根据规范可以在主梁不同部位设置不同的预警值，并在关联的 BIM 模型高程测点以及应力测点模型中进行监测，为大桥的施工安全保驾护航。图 26.4 为建立的贵州德余高速小乌江大桥的左右幅 BIM 模型图。

为保证工程质量，高效推进项目建设，监控单位长沙理工大学田仲初教授团队联合施工单位在小乌江大桥施工全过程中应用了 BIM 技术，在钢筋绑扎、预应力管道安装与定位、节段线形控制等关键工序中，利用建立的三维 BIM 模型（图 26.5、图 26.6），有效地解决了多跨大跨度连续刚构施工中线形控制、预应力管道精确定位等质量通病和技术难题，为大桥的高效、高质量建成提供了技术支撑，同时对 BIM 技术的进一步应用以及多元化的探索进行了拓展。

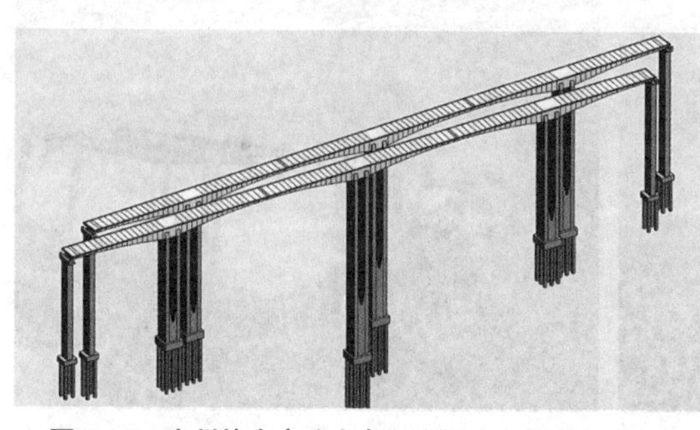

图 26.4　贵州德余高速小乌江大桥左右幅 BIM 模型

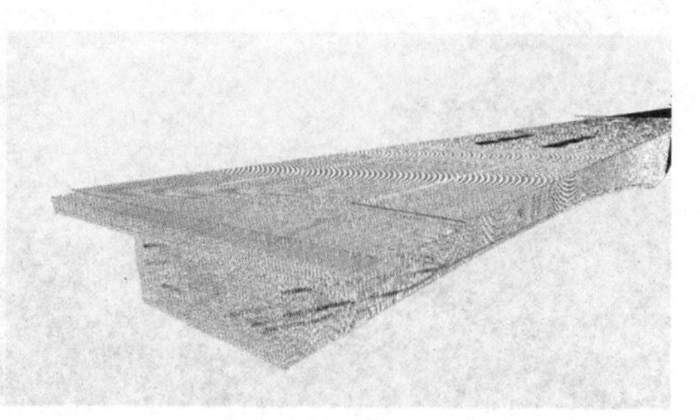

图 26.5　小乌江大桥上部结构钢筋 BIM 模型

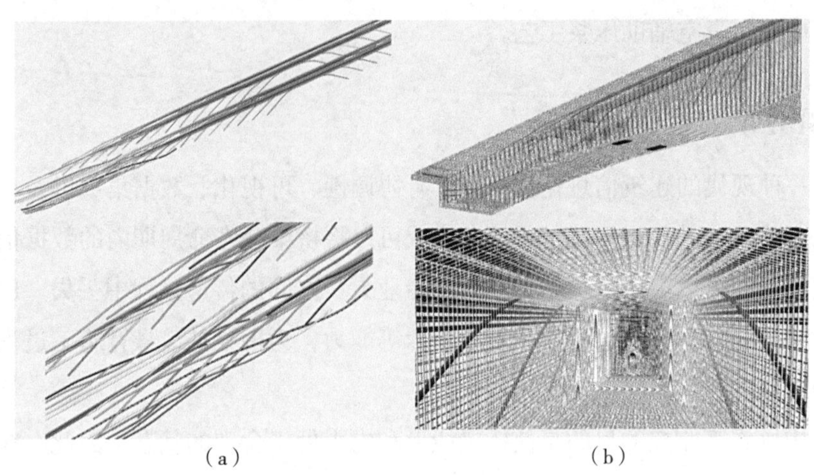

（a）　　　　（b）

图 26.6　小乌江大桥主梁预应力钢束与钢筋 BIM 模型

（a）主梁预应力管道；（b）主梁钢筋模型

将 BIM 技术引入刚构桥施工对解决施工过程中控制信息的“孤岛”具有重要意义，能够使桥梁施工过程中的应力安全信息展示透明化以及线形质量控制科学精准，同时能为 BIM 技术与其他桥型的施工控制相结合提供可行性参考。

三、攻坚克难求突破，砥砺奋进勇争先

小乌江大桥地处典型的山岭重丘区，最高墩高达 114m，其部分主墩位于断崖半坡处，便道到达困难，施工难度大（图 26.7、图 26.8）。主墩 0 号块结构及受力较为复杂，加之箱梁顶板、底板、腹板预应力管道集中，钢筋密集，混凝土方量大，精确计算预抬值、确保施工质量并防止混凝土开裂是施工监控重点。0 号混凝土块采用的是高墩支架浇筑法，为了验证高墩支架的安全和消除非弹性变形，混凝土正式浇筑前对高墩支架进行了预压试验，为了避免温度对试验结果的影响，支架预压试验选择在夜间进行。监控

图 26.7　悬臂施工中的小乌江大桥俯视照片

图 26.8　悬臂施工中的小乌江大桥仰视照片

人员一直坚守在试验现场，对 0 号块支架压重过程中的支架应变、位移进行监测并将数据与理论值进行了详细对比。经过一夜的艰苦奋斗，第二天顺利完成了 0 号块支架预压任务。

小乌江大桥的施工监控主要内容包括桥墩的垂直度、基础沉降、主梁线形、主墩和箱梁关键截面的温度场、结构内力等监测及编制各种监测报告（图 26.9~ 图 26.12），监控工作量大，每天都有大量的监控数据需采集、处理和分析。长沙理工大学田仲初教授团队的监控人员在大桥施工全过程中兢兢业业地工作，每天起早贪黑，从不怠慢。无论严寒酷暑、刮风下雨，都需要赶在日出前完成主梁高程和应变测量，以确保环境温度不会对测量结果造成较大影响，保证控制的精确性。

图 26.9　主梁线形监测

图 26.10　主墩垂直度监测

图 26.11　绑扎应变传感器

图 26.12　基础沉降监测

小乌江大桥悬臂施工的挂篮最高处距离地面达 120 多米，足足有 40 多层楼高，大桥左右两幅共 12 个挂篮同时悬臂浇筑施工。施工过程中监测的内容众多、任务艰巨，需多次上下往返于各个高墩，种种困难都是对监控人员身心的双重挑战。此外，由于桥址位于群山之中，人员驻地与施工现场相距十多公里，只有唯一一条施工便道，而且全部都是坡度极大的山路，通行极为不易。为了节省路上所花的时间，监控团队买了两辆摩托车用于驻地和施工现场的往返通行。由于道路条件恶劣，对摩托车驾驶技术要求很高，不仅要经受蚊虫叮咬，在去施工现场的路上还经常遭遇蛇行鼠伏，一不小心就有翻车的危险。犹记得 2021 年 6 月 8 日傍晚，监控人员结束了一天的监测任务，在从施工现场回项目部的路上，初夏的天气说变就变，恰逢不巧，天空猛地下起了一场大雨，山区的便道上也没有躲雨的地方，令监控人员措手不及。更为麻烦的是，山间的泥土施工便道在下雨后就变得泥泞不堪，湿滑难行。当时监控人员骑着一辆摩托车在下大坡时，一不小心打滑发生了侧翻，车和人都重重摔在地上，幸好没有掉下路边悬崖或磕碰到大石头之类的硬物，车上的人受到了一些皮外伤，也算是不幸之中的万幸。最后几位监控人员相互搀扶地推着摩托车，一瘸一拐地艰难回到了项目部。第二天监控人员丝毫没有受到影响，依旧以饱满的精神坚守岗位，完成所有的监测任务。

贵州的山区除了雾多，雨水也多。在桥上进行测试的时候经常碰到大雨。2021 年 11 月 26 日，突如其来的一场伴随着大风的暴雨造成现场停电超过 5h（图 26.13）。彼时的监控人员正在桥面上进行监测任务，由于下暴雨的同时还刮着大风，监控人员随身携带的雨伞派不上用场，桥面上也没有避雨的地方，而此时停电造成电梯无法正常使用，只能爬进箱梁内部避雨。由于从桥面找到施工预留孔再爬到箱梁内部需要一定的时间，在这个过程中监控人员已被淋成了落汤鸡。此时正是初冬时节，气温也比较低，监控人员在箱梁里面冻得瑟瑟发抖。大家在箱梁里面等了好一阵子也没来电，箱梁内也无法进行任何活动，压抑的环境给大家带来了一丝不安。由于当天上午大家就已上桥，经过数小时的线形和应变测量后早已饥肠辘辘了，但仍以积极乐观的心态等待暴雨过去和电力恢复。在晚上九点多时终于来电了，坐电梯下桥返回驻地时已经晚上十点多。这一次在桥上遇到暴雨和停电的事故让大家印象深刻，但恶劣的工作环境不但未降低监控人员的工作积极性，反而锤炼了大家坚韧不拔、艰苦奋斗、砥砺前行的品质。

自小乌江大桥开工以来，各参建人员全力克服自然坡度陡、环保要求高、施工难度大等因素，凝心聚力、攻坚克难，始终遵循精细化、科学化、高标准、严要求的原则，凝聚各方力量，紧盯目标任务，高效统筹，扎实推进，全方位把控质量安全，抓细节，见实效，为打造“平安百年品质工程”赋能添翼，用智慧与汗水浇筑起这座巍巍大桥。经过参建各方的艰苦奋斗，小乌江大桥于 2022 年 7 月 5 日顺利实现高精度合龙

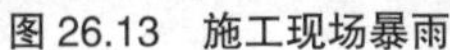
图 26.13　施工现场暴雨

图 26.14　小乌江大桥左幅合龙

（图 26.14），长沙理工大学监控团队获得了建设单位、监理单位、施工单位及业界同行的高度认可和赞许，为贵州山区的桥梁建设作出了长理贡献。

四、结语

一桥跨南北，两岸成通途。小乌江大桥的建成，为深入推动贵州省高质量发展提供了坚实的交通保障，也对推进贵州省交通强国西部示范省建设，完善全省高速公路网络结构，促进沿线产业结构升级、资源开发利用、旅游产业发展，以及推动区域经济协调快速发展具有重要的意义。

面对小乌江大桥监控工作中的技术难点，田仲初教授团队拿出了攻坚克难、砥砺前行的意志。从最初的监控方案评审到最后主梁顺利合龙，每一个环节都有长理人严谨专注的身影。作为新时代青年，我们要奋力拼搏，不断为中国式现代化建设添砖加瓦，在实现强国建设、民族复兴的新征程上，扬起风帆，破浪前行！

第27章

分工明确履职责，征服挑战创佳绩——打造湘江两岸靓丽工程纪实

沿着湘江大道一路往南，经过橘子洲大桥，再从猴子石大桥下穿过，就能望见那片挖土机、起重机、钻机轰鸣作业的湘府路湘江大桥的工地。湘府路湘江大桥作为长沙市“两桥一隧”重点过江工程，对缓解湘江两岸的交通拥堵问题具有重要意义。为了确保这座桥的顺利建成，李传习教授团队（李传习、夏桂云、张玉平、曹水东、董创文、柯红军及众多研究生们）尽职尽责，承担桥梁施工监控、成桥荷载试验和健康监测预设等关键任务，为长沙市过江通道建设贡献了“长理力量”。

一、长沙湘府路湘江大桥简介

长沙市湘府路湘江大桥位于长沙市猴子石与黑石铺大桥之间，距上、下游两桥各2.2km左右，距下游橘子洲约4.8km。大桥西起大河西先导区规划洋湖大道与兆新路交叉口东侧，向东跨越兆新路、潇湘大道南沿线（西线、东线）、湘江、湘江大道南线、京广铁路线、新开铺路和规划豹山路，与湘府西路相接。湘府路湘江大桥主桥长730m，为（65+5×120+65）m预应力混凝土刚构连续组合箱梁桥，标准桥面总宽32.50m。下部结构采用大直径钻孔灌注桩、整体式变截面板式桥墩，主梁采用预应力混凝土单箱三室结构。

长沙湘府路湘江大桥的技术标准为：（1）工程等级为城市－Ⅰ级主干道；（2）设计荷载为公路－Ⅰ级，人群荷载3.5kN/m^2；（3）设计车速为主线V=50km/h，匝道V=30km/h；（4）设计洪水频率为特大桥1/300，但根据长沙市现状及规则，湘府路湘江大桥位置处的大堤防洪标准为1/200；（5）通航等级为Ⅱ－（3）级。

二、制定专业方案，组建一流团队

在长沙湘府路湘江大桥建设过程中，长沙理工大学李传习教授施工监控团队发挥了重要作用。作为工程建设的重要参与者，与其他参建单位密切配合，计算分析并论证上

部结构各个重要工序，确保上部结构应力和线形符合设计期望和规范要求。此外，施工监控单位还需要与政府部门、业主、设计、施工、监理和相关专家保持密切的沟通和协调，及时解决疑难、纠正偏差，确保项目建设顺利推进。

施工监控目标：论证和优化施工工序，确保竣工成桥时的线形与应力状态与设计成桥状态一致，在施工过程中的应力幅度始终处于容许的安全范围内，确保成桥后所有杆件的内力合理。健康监测预设目标：确保能对大桥各主跨结构的跨中挠度测点进行预设；对大桥主跨结构跨中和墩顶截面关键点的应变测点进行预设。成桥静动载试验目标：通过测定桥梁结构在试验荷载作用下控制断面的挠度、应变的变化，并与理论计算值相比较，以便对实际结构使用性能和工作状态做出评价。通过汽车变速行驶以及汽车制动和跳车，获得桥梁的各项动力特性参数（如振动频率、动应变、冲击系数等）和承受活载性能，间接反映桥梁的整体工作性能。通过现场加载试验以及对试验观测数据和试验现象的综合分析，对实际结构做出总体评价，为工程竣工验收提供必要的技术依据，并为今后同类桥梁设计施工提供经验和积累资料。

施工监控团队由李传习教授担任项目负责人，夏桂云老师担任项目联系人和技术负责人，杨美良老师担任健康监测组组长，刘建老师担任成桥试验组组长，董创文老师负责数据处理工作，张玉平老师负责测量工作，柯红军和曹水东老师则负责测试工作。

施工监控团队人员的岗位责任制如下：

（1）项目负责人

全面负责施工监控工作（包括技术、组织管理、后勤和对外协调等），领导和组织施工监控项目部开展工作、召集会议、做出决策等。

（2）项目技术负责人

全面负责施工监控技术工作和施工监控现场的工作，组织施工监控项目部开展工作，召集会议，做出技术上的决策等；负责组织和领导工地现场计算分析组、测量和测试组的工作，现场做出技术上的决策等。

（3）结构分析、计算分析和数据处理组

组长在项目负责人和技术负责人领导下开展工作，协助项目负责人和技术负责人对该组进行管理；遇到重要技术问题，特别是某一问题解决方案的确定需及时向项目负责人汇报，并经其批准。组长组织组员主要完成如下工作：制定施工控制技术路线、标准、方案、实施细则；对采集的数据进行分析，进行结构的仿真计算、误差分析与识别、最优调整、结构状态预测；提出决策的初步意见；施工状态预告（安装标高等参数）、施工控制指令起草；受项目负责人委托，参与大桥施工过程中的工作、技术会议。

（4）测量组

组长在项目负责人和技术负责人领导下开展工作，协助项目负责人和技术负责人对该组进行管理；遇到重要技术问题，特别是某一问题解决方案的确定需及时向项目负责人汇报，并经其批准。组长组织组员主要完成如下工作：现场采集或收集桥墩坐标、主梁标高、结构应变、结构温度场、大气温度等数据；根据施工控制指令，对施工过程进行监控，使结构的施工状态达到要求；做好结构状态初级预警，发现较大偏差时及时向项目负责人汇报，做出现场的工程决策；进行重要阶段的桥梁全面测试；对外业观测资料进行复核和计算机整理存储；受项目负责人委托，参与大桥施工过程中的工作、技术会议。

（5）测试组

组长在项目负责人和技术负责人领导下开展工作，协助项目负责人和技术负责人对该组进行管理；遇到重要技术问题，特别是某一问题解决方案的确定需及时向项目负责人汇报，并经其批准。组长组织组员主要完成如下工作：进行结构试验和测试，获取结构计算和反馈分析所需参数；对外业观测资料进行复核和计算机整理存储；对施工监控项目部内部技术文档进行计算机建档存储；对建桥各方来往资料、文件等进行整理与归档。受项目负责人委托，参与大桥施工过程中的工作、技术会议。

三、把握结构特点，挑战技术难点

长沙湘府路湘江大桥的主要特点有：

主桥为（65+5×120+65）m 预应力混凝土刚构连续组合梁桥，主跨跨径较大（120m），连续跨数较多（7 跨）；最高桥墩高约 27.7m，墩高与跨径之比较小（在连续刚构体系桥中）；主梁采用单箱三室断面，用挂篮悬浇法进行施工，标准桥面宽 32.50m，顶、底板横向跨径较大；基础采用大直径钻孔灌注桩，桥墩为整体式变截面板墩。

大桥监控或健康监测应注意的问题有：

（1）主桥体系转换方案（主要指主梁合龙顺序和梁墩临时固结措施解除顺序的方案）的论证与优化，应高度关注温度应力的影响。本主桥主梁合龙与墩梁临时固结措施解除的先后次序组合较多（体系转换方案较多），由于本刚构连续组合梁桥墩高跨径比小，在桥梁形成过程中，温度内力（应力）将因体系转换方案的不同而迥异，有的方案可能因温度内力过大而不成立。根据团队已有的监控经验，本桥宜尽早解除墩梁临时固结措施（即刚构跨数和长度尽量少），具体采用哪种主梁合龙与梁墩临时固结措施解除顺序，则需按受力可行和施工方便的原则，通过计算确定。

（2）本主桥施工监控计算和监测需高度关注剪力滞效应。本主桥主梁为单箱三室断面，标准段面宽 32.50m，顶、底板横向跨径较大，剪力滞效应突出，监控计算和监测需高度关注此问题。

（3）施工方和监理应高度关注本主桥挂篮悬浇混凝土的超欠方问题，即不容许出现欠方，也必须将超方控制在规定的范围内，监控单位也将高度关注，并进行抽查。本桥主梁为多室箱形断面，模板系统较复杂，根据监控单位经验，这种断面混凝土浇筑容易出现超欠方问题，特别是超方。施工方应从模板间距、模板拉杆刚度、顶板厚度等方面进行有效控制，确保浇筑的结构尺寸准确。

图 27.1　方案评审（场景 1）

图 27.2　方案评审（场景 2）

监控团队需要把握湘府路湘江大桥施工监控的特点，提前识别和预测工程建设中可能出现的情况，并制定相应的解决方案进行评审（图 27.1、图 27.2）。同时，实时监测和分析施工现场，迅速发现问题，并采取相应的调整措施。这不仅是勇往直前的责任，更是对工程质量和安全的追求。

技术难点的攻克并非一蹴而就，但李传习教授团队不畏艰难，迎难而上，经常在现场进行考察（图 27.3），进行一次次的试验（图 27.4）。长沙湘府路湘江大桥通车后，气势恢宏，形成一道美丽的风景线（图 27.5）。

图 27.3　夏桂云老师（中）在工地现场的照片

图 27.4　成桥荷载试验的照片

图 27.5　通车后的照片

四、结语

在长沙现代城市建设进程中，桥梁建设既是关键一环，更是重要的名片。长沙湘府路湘江大桥作为长沙的璀璨明珠，建成通车后，有效缓解了过江压力，构建起“一江两岸比翼齐飞、河东河西联动协调”的“大交通”城市发展新格局，实现了连线成网、内外通畅的目标，并助力长沙加速打造国家综合交通枢纽中心。

李传习教授团队深入探索、研究论证，通过精准而巧妙的施工监控掌控大桥的线形和应力状态，使得湘府路湘江大桥的每一个构件都呈现出完美的力学平衡。这种默契的协调不仅大幅提升了大桥的使用寿命和安全性，还降低了未来的维护成本。同时，通过对主跨结构跨中挠度和墩顶截面的应变进行长期监测预设，为随时掌握大桥的健康状况奠定了基础。

第28章

一桥连东西，天堑变通途
——参与石阡河特大桥建设纪实

贵州石阡河特大桥不仅是玉石高速的控制性工程，更是体现我国工程技术水平的一个代表作。这座桥的建设，涌现出了许多优秀的工程师和工匠，他们以扎实的专业知识和高度负责的工作态度，为这项工程的成功实施作出了重要的贡献。其中，长沙理工大学彭建新教授和其团队学生，参与了石阡河特大桥的建设全过程，付出了汗水和智慧，传承了工匠精神，体现了“守正创新，干事创业”的长理文化。

一、石阡河特大桥简介

石阡河特大桥主桥上部构造为（85+160+85）m三跨预应力混凝土连续刚构箱梁，箱梁根部梁高10m，跨中梁高3.5m，顶板厚28~35cm，墩顶箱梁顶板加厚到50cm，底板厚从跨中至根部由32cm渐变为100cm，箱梁高度和底板厚度按二次抛物线变化。箱梁0号节段长16m（包括墩两侧各外伸2m），每个悬浇“T”梁纵向对称划分为18个节段，梁段数及梁段长从根部至跨中分别为8×3.5m、4×4.0m、6×4.5m，节段悬浇总长71m。悬浇节段最大控制重量2289kN。下部结构采用双肢等截面空心薄壁墩，肢间净距7m，单肢截面尺寸9.0m×3.5m（图28.1、图28.2）。

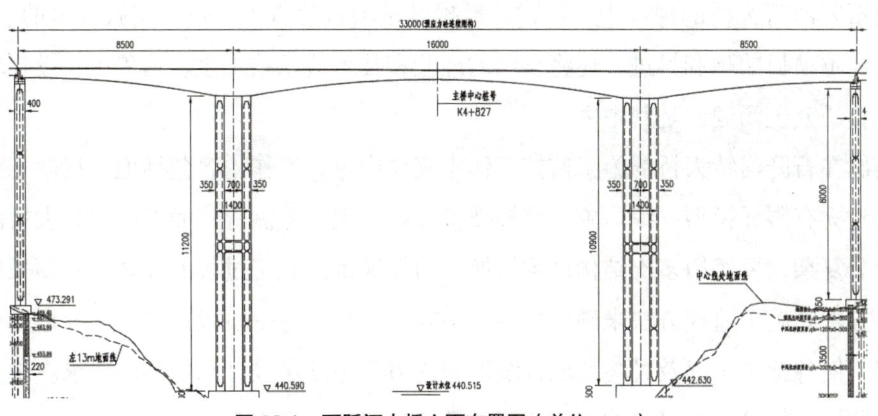

图28.1　石阡河大桥立面布置图（单位：cm）

图 28.2　石阡河特大桥简介图

石阡河特大桥的技术标准为：（1）计算行车速度为 80km/h；（2）荷载为公路 –I 级；（3）采用 24.5m 整体式路基和 2 × 12.25m 分离式路基，整体、分离式路基桥梁单幅全宽均为 12.25m，单幅桥宽布置为 0.55m（防撞护栏）+11.2m（行车道）+0.5m（防撞护栏）；（4）采用 1985 年国家高程基准；（5）采用 1980 年国家坐标系；（6）设计基本地震加速度为 0.05g，设防烈度为Ⅵ度；（7）设计洪水频率为 1/300。

这样的结构设计不仅具有较高的抗震能力，还能够在保证桥梁承载能力的同时，减小桥梁的自重，从而降低建造成本。

二、传承工匠精神

在石阡河特大桥的建设中，彭建新教授既是项目负责人，也是实践教育的引领者。他不仅注重项目的顺利推进，还将自己的经验和技术传承给学生，培养了一批年轻的技术人才，研究生汤健便是其中之一。

汤健在石阡河特大桥的施工监控工作中表现出色，工作内容包括但不局限于根据设计图纸建立有限元模型、编写施工监控技术方案、现场监测等。而石阡河特大桥的施工过程十分复杂，要经历多次结构体系转换。为保证桥梁施工过程的安全，必须采用合理的计算方法和施工监控方法来确定桥梁结构施工过程中每一阶段在受力和变形方面的理想状态，使各施工工况及最终的成桥线形和受力状态满足设计和规范的要求。施工桥梁的施工监控计算是必不可少的。为了正确模拟桥梁施工过程中结构的力学行为，必须采用合适的有限元模型对桥梁中不同构件和边界进行模拟，正确划分施工过程中的受力阶段，同时运用适当的分析方法来模拟施工行为。

在施工监控计算过程中，汤健遇到了许多难题，例如在前期建立有限元模型计算分析过程中边界（系梁与主墩边界、0 号块与主墩边界、满堂支架边界）的模拟、挂篮荷载的等效、顶推力的确定等。彭教授倾囊相授，特意开展了 Midas Civil 培训课程，带领学生们学习规范，为学生解答模型建立过程中的要点和难点。最终汤健成功建立了石阡河特大桥主桥的有限元计算模型（图 28.3）

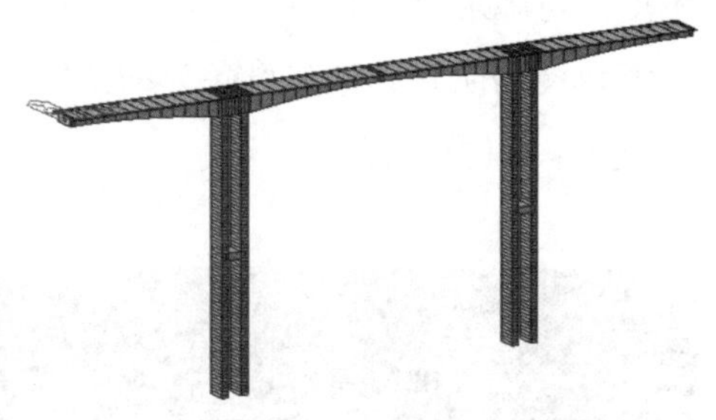

图 28.3　石阡河特大桥主桥有限元计算模型

在现场实施过程中，出现误差是常见的。设计参数是结构分析计算的基础，其取值大小直接关系到计算结果。由于某些参数本身存在一定的不确定性，取值时仅依靠规范不一定合理。因此，在确定设计参数时需要结合试验或现场实际测量数据来确定。为了保证施工监控计算的准确性，同时起到设计复核的作用，需要对主要设计参数（材料参数、截面参数、荷载参数等）进行复核。

由于各种原因的限制，实际结构的刚度、重量等参数可能会和最初拟定的参数有一定差别。因此，需要收集基础资料，并对理论计算进行有效修正。主要收集参数包括龄期为 3、7、14、28、90d 的混凝土弹性模量以及按规定要求的试验强度、钢筋混凝土重度、节段重量及实际断面尺寸、预应力参数、施工荷载在桥上的布置位置与数值、气候资料、温度场参数、实际工期与施工进度安排等。施工工艺确定后，一些临时施工荷载也就确定了。这些重要的基本参数需要在相关单位的协调配合下获得。在误差出现时，需要分析误差出现的原因并提供减小误差的工作思路，为后续施工阶段的顺利实施奠定基础（图 28.4、图 28.5）。

图 28.4　挂篮预压试验

图 28.5　悬臂浇筑

在彭教授的指导下，参与施工监控的学生深刻理解了桥梁工程的重要性和风险性，形成了严谨的工作作风，掌握了扎实的专业技能。彭教授还要求汤健深入了解工程团队的实际施工情况，根据实际情况灵活运用所学知识对工程进行科学的管理和指导。汤健还多次与施工现场的工程师和技术人员交流和学习，不断提高自己的工作水平。最终，在彭教授团队和其他建设各方的共同努力下，桥梁顺利合龙，合龙误差达到规范要求（图 28.6~ 图 28.9）。

图 28.6　合龙段模板拼装

图 28.7　合龙口照片

图 28.8　主桥右幅顺利合龙

图 28.9　主桥左幅顺利合龙

彭教授不仅注重学生的专业技术培养，也关注学生的为人处事。他经常鼓励学生在工作之前要做好充分准备，提前思考需要的仪器设备、实施计划、可能出现的问题以及解决方案等。只有这样，学生才能在未来的工作中脱颖而出，赢得客户的青睐。

汤健在石阡河特大桥施工监控项目中锻炼了吃苦耐劳的精神和强烈的责任心，在项目现场也留下了他认真学习和工作的身影（图 28.10、图 28.11）。由于项目进度要求，玉石高速公路土建工程 TJ01 标项目经理部在 2022 年春节期间仅放假三天，这意味着汤健

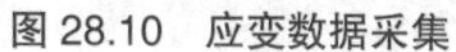

图 28.10 应变数据采集

图 28.11 线形观测点埋设

作为监控技术人员必须随时待命，确保项目能够正常进行。因此，他度过了在异乡的第一个春节（图 28.12~ 图 28.15）。汤健的成长历程告诉我们，在优秀导师的指导下，学生能够在专业技能、工作态度和人文素质等方面不断提高，为未来的职业生涯打好基础。

图 28.12 项目部驻地

图 28.13 张灯结彩过春节

图 28.14 春节自助烧烤

图 28.15 项目部年夜饭

综上所述，彭建新导师的教育理念为开放包容、注重实践、培养创新。在导师的指导下，汤健不断学习和实践，逐渐成长为一名优秀的桥梁工程师。

三、以身作则，攻坚克难

石阡河特大桥建设地点位于贵州山区，施工环境恶劣（图 28.16、图 28.17），从项目部驻点前往县城就隔了一座山，却要在盘山公路上行驶一个多小时，正应了贵州山区“地无三尺平，天无三日晴”的地貌特征。但是彭建新教授带领的工程团队在面对这样的挑战时，始终保持着乐观、勇敢、团结的精神，一步步攻克难关。

图 28.16　项目地理环境

图 28.17　现场作业环境

依稀记得由于项目地处大山深处，一进房间手机便无信号。于是，彭教授便开始给团队讲解变截面连续刚构桥施工监测的重难点分析课程，其主要内容包括高墩施工控制、悬臂施工控制、中跨合龙控制、参数影响分析和施工控制参数的确定、挂篮变形控制、预应力张拉控制等。

预应力筋张拉后，由于混凝土和钢材的性质以及制作方法等原因，预应力筋中应力会逐步减小，这种应力降低的现象称为预应力损失。张拉应力扣除预应力损失后即为有效预应力。最终稳定后的有效预应力值才对构件产生实际的预应力效果。因此，预应力损失是预应力混凝土结构设计和施工中的一个关键问题。预应力损失主要包括以下几点：

（1）锚固损失：锚具变形引起预应力筋的回缩、滑移；

（2）摩擦损失：在预应力筋张拉过程中，后张法预应力筋与孔道壁之间的摩擦，先张法预应力筋与锚具之间以及折点处的摩擦，也会造成张拉应力损失；

（3）弹性压缩损失：混凝土弹性压缩，后张法中后张拉束对先张拉束造成的压缩变形而产生的分批张拉损失等；

（4）混凝土的收缩和徐变引起的损失；

（5）松弛损失：长度不变的预应力筋，在高应力的长期作用下会产生松弛，引起预应力损失。

《公路桥涵施工技术规范》JTG/T 3650—2020 中第 7.12.2 条明确指出预应力筋的锚下有效预应力应符合设计张拉控制应力要求，两者相对偏差应不超过 ±5%。

现实张拉操作过程往往忽视了预应力损失，易出现张拉控制应力设置不合理、张拉持荷时间不足、张拉顺序不合理、锚夹具不配套等情况，致使有效预应力无法满足规范的要求。

在施工现场，项目团队在对施工监测数据进行分析时发现预应力钢筋张拉工况挠度变形值没有达到理论值的问题，通过彭建新教授和施工单位的沟通交流，提出了采用孔道摩阻试验测定预应力张拉参数、定期对张拉设备进行标定、严格控制预应力张拉龄期和预应力张拉持荷时间相结合的方案，后续施工工况提升效果显著（图 28.18、图 28.19）。

图 28.18　孔道摩阻试验

图 28.19　高墩施工控制

在这样的艰苦环境中，彭建新教授团队不断挑战自我，超越自我。他们的坚定信念和敬业精神展现了新时代桥梁工程师的风采，也为石阡河特大桥的建设增添了浓墨重彩的一笔，建成后的石阡河特大桥雄跨两岸，大气磅礴（图 28.20）。

图 28.20　石阡河特大桥全景

四、结语

贵州省作为中国唯一没有平原的省份，已建和在建桥梁近 3 万座。世界前 100 座高桥中，有近一半在贵州省，几乎囊括所有桥型，是名副其实的“桥梁博物馆”。飞架的桥梁不仅改变着人们的生活，也为当地社会经济发展注入强劲动能。

石阡河特大桥的建设离不开众多工程师和技术人员的努力与拼搏，更离不开团队成员的精诚协作、共同奋斗。同时，参与大桥的建设也是一种价值观、人生观的教育实践，在工程建设中让学生认识到科技创新的重要性，感受到团队协作的力量，并充分发扬工匠精神，努力为祖国的繁荣和强大贡献长理人的力量。